서양명언집

서양명언집

1판 1쇄 인쇄 | 2019년 02월 28일
1판 1쇄 발행 | 2019년 03월 05일

지은이 | 이원복 편저
펴낸이 | 윤옥임
펴낸곳 | 한비미디어

서울시 마포구 독막로 28길 34
대표전화 (02)713-3734, 팩스 (02)706-9151
등록 제 2003-000077호

© 2019 by Brown Hill Publishing Co. 2019, Printed in Korea

ISBN 978-89-90167-06-4 03160
값 12,000원

마음을 밝혀주는 등불같은 명언들

서양 명언집

| 이원복 편저 |

미련한 자는 먼 곳에서 행복을 찾고,
현명한 자는 자기 발밑에서 행복을 키운다!

한비미디어

고대에서 현재에 이르기까지, 서양(西洋)의 각 분야 대표 인물들이 우리 인류사에 남겨준 그야말로 주옥같은 명언만을 추려서 수록했다.

인간으로 이 세상에 태어나서 어찌 인간답지 못한 삶을 살 수 있겠는가. 누구나 자신의 인격을 꾸준히 수양하면, 마음은 선량한 데서 떠나지 않을 것이며, 행동은 올바른 도리에서 벗어나지 않을 것이다.

이 책 속에서 동서의 위인들은 착한 일을 하는 사람에게는 하늘이 복으로써 갚고, 악한 일을 하는 사람에게는 하늘이 재앙으로써 갚는다고 한결같이 말하고 있다.

사실 착한 행실은 선량한 마음에서 나오고, 악한 행실은 악한 마음에서 나온다. 그러므로 착한 행실을 하려면 먼저 마음부터 선량하게 닦아야 할 것이다.

영국의 수상이었던 처칠 경은 그의 저서인 <나의 어린 시절>에서 "교육을 많이 받지 못한 사람은 명언집을 많이 읽는 것이 좋다. 버트레트 러셀의 문집은 우리가 기억할 만한 글들이 가득해서, 나는 그것을 열심히 암송했다"고 술회하고 있다.

그러나 오늘날 우리나라의 청소년들은 마음에 교훈이 되는 책을 멀리하고 자극적인 재미만 찾는 것 같아 사뭇 안타깝다. 청소년 범죄가 날로 격증하고 있는 것이나, 사회적 도덕관념이 날로 무너져 가고 있는 것도 이러한 풍조에서 기인하는 것이 아닌가 하는 생각이 없지 않다.

사실 오늘날과 같은 현실에서 살아가고 있는 현대인은 누구나 시간에 쫓겨서 산다. 그러한 속에서 배우고 알아야 할 정보가 너무나 많다 보니, 무엇부터 공부해야 할지 몰라

차라리 포기하거나 방황하는 경우도 적지 않다.

그리하여 이 책에서는 읽기에 쉽도록 주제별로 내용을 나누어서 구성했다. 먼저 자기 자신의 마음을 들여다보고, 그런 다음 타인과의 관계를 생각해 볼 수 있는 기회로 삼으면 삶의 양식이 될 것이 분명하다.

마음을 밝혀 주는 이 보배로운 명언들을 되풀이하여 읽고 또 읽어서 자신의 마음을 평화로운 상태에 놓이게 하고, 세상과 어떻게 화합하며 살아갈 것인지에 대해 다시 한번 생각해 보는 기회가 되길 진심으로 바란다.

2009년 5월
편저자 이 원 복

■ 차 례

머리말

인간의 본성

인간은 갈대, 즉 자연에서 가장 약한 것에 지나지 않는다.
그러나 인간은 생각하는 갈대이다.　　☞ B. 파스칼 〈명상록〉

인간은 회(灰) 속에서도 화려하고, 무덤 속에서도 호화로운
고상한 동물이다.　　　　　　　☞ T. 브라운 경 〈대장론〉

인간은 모든 탐험의 항로를 노 저어가는 발명가들이다.
　　　　　　　　　　　　　☞ 에머슨 〈미정리 강의집〉

자연 속에서 인간은 무엇인가?
무한한 것과의 관계에서는 무(無)이며, 무(無)와의 관계에서
는 모든 것이니, 무(無)와 모든 것의 중간이다.
　　　　　　　　　　　　　☞ B. 파스칼 〈명상록〉

인간은 자기가 가지고 있는 것의 총화가 아니라, 아직 가지지 못한 것, 혹은 앞으로 가질지도 모르는 것의 총화이다.
☞ J. P. 샤르트르 〈상황〉

인간은 이제껏 나온 모든 컴퓨터 중에서 가장 훌륭한 컴퓨터이다.
☞ J. F. 케네디 연설

인간은 극히 제한된 환경 아래에서 생을 위해 적응하는 피조물이다.
어느 정도의 온도, 대기 성분의 경미한 변화, 식물의 정밀한 적합성이 건강과 질병, 삶과 죽음 간의 차이를 나타낸다.
☞ R. S. 볼 〈천국 이야기〉

신(神)은 작가이고, 인간은 연기자에 지나지 않는다.
지상에서 연기되는 웅대한 작품들은 천상(天上)에서 저술된 것이다.
☞ 발자크 〈기독교적인 소크라테스〉

로맨스는 우리에게 실연을 안겨주고 우정도 실망시킨다. 그러나 부모 자식 관계는 다른 모든 관계보다 덜 시끄러우면서도 세상을 사는 동안 지속되는, 끊을 수 없는 가장 강력한 관계이다.
☞ T. 레이크 〈사랑과 육욕〉

사람에는 네 가지 유형이 있다.

무식하면서 무식함을 모르는 자는 바보니 ― 그는 피하라.

무식하면서 무식함을 아는 자는 단순하니 ― 그는 가르쳐라.

유식하면서 유식함을 모르는 자는 잠을 자니 ― 그는 깨우라.

유식하면서 유식함을 아는 자는 현명하니 ― 그는 따르라.

☞ 버튼 여사 〈리처드 버튼 경 전기〉

인간이라는 것은, 자신의 이기적인 용무에는 철두철미하게 비겁한 주제이지만, 사상을 위해서는 영웅처럼 싸운다.

☞ 버나드 쇼 〈인간과 초인〉

사람들을 선인(善人)·악인(惡人)으로 구분하는 것은 불합리하다. 사람들은 매력적이거나 그렇지 않으면 귀찮은 것일 뿐이다.
☞ 오스카 와일드 〈윈더미어 부인의 부채〉

지구상에는 인간 이외에 더 위대한 것이 없다.

인간에게는 지성 이외에 더 훌륭한 것이 없다.

☞ W. 헤밀튼 경 〈형이상학에 관한 강연〉

조상들 중에 노예가 없었던 군주는 없고, 조상들 중에 군주가 없었던 노예는 없다.
☞ H. 켈러 〈자서전〉

인간이란 종족은 지적 생활에서 벌 집단처럼 조직된다. 남성적인 화신(化身)은 일꾼으로, 본질적으로 비개인적 보편적인 작위(作爲)에 헌신하게 되어 있다.

반면 여성은 여왕으로, 무한정의 수태 능력이 있어 어디에서나 자녀를 생산할 수 있다. 그러나 수동적이며, 방법 없는 직감력과 정의감 없는 열정이 풍부하다.

☞ G. 산타야나 〈이성의 생활〉

인간다운 모든 것은 전진하지 않으면, 퇴보해야 한다.

☞ E. 기번 〈로마제국의 쇠망사〉

그 아버지에 그 아들, 모든 좋은 나무는 좋은 열매를 맺는다.

☞ W. 랭런드 〈농부 피어즈〉

너의 위대한 조상을 본받아 행동하라. 그리고 그들의 덕성과 비교하여 네가 그들의 자손임을 증명하라.

☞ 드라이든 〈배드의 아내〉

우리가 인간성에 대해 정말로 아는 유일한 것은, 그것이 변화한다는 것이다. 우리가 말할 수 있는 유일한 속성은 변화이다.

☞ 오스카 와일드 〈사회주의적 인간의 영혼〉

인간은 우주의 다른 어떤 유기체나 무기체와 다른 존재다. 자기의 할 일 이상으로 자라서 자기 개념의 사다리를 밟아 올라가, 자신의 꿈을 성취하는 존재다.

☞ J. E. 스타인벡 〈분노의 포도〉

우리들은 항상 자손들을 위해 무엇인가를 하고 있다고 말한다. 그러나 나는 자손들이 우리들을 위해 무엇인가를 해 주는 것을 보고 싶다. ☞ 에디슨 〈스펙테이터〉지(誌)

자기가 살고 있는 시대에 대해 불평하고, 현재의 권력자들에 대해 수군거리고, 과거를 탄식하며, 미래에 터무니없는 기대를 걸어보는 것 등은 거의 모든 인류가 가지는 공통된 성질이다. ☞ E. 버크 〈현대 불평의 원인에 대한 고찰〉

아버지가 누더기를 걸치면 자식은 모르는 척하지만, 아비가 돈주머니를 차고 있으면 자식들은 모두 효자가 된다.

☞ 셰익스피어 〈리어 왕〉

아이들은 부모의 사랑으로 시작하여 얼마 후엔 부모를 심판한다. 부모를 용서하는 일이 있다고 하더라도 그것은 드문 일이다. ☞ 오스카 와일드 〈하찮은 여인〉

자녀에게 회초리를 쓰지 않으면, 자녀가 아비에게 회초리를
든다.   ☞ T. 풀러 〈성지(聖地)〉

자기 아버지만한 명성을 얻기 위해서는 아버지보다 능력이
더 뛰어나야 한다.   ☞ D. 디드로 〈라모의 조카〉

쾌락은 행복하게 사는 시초요 끝이다.   ☞ 에피쿠로스

아버지에게 손찌검을 하는 아들을 둔 아버지는 누구나 죄인
이다. 자기에게 손찌검을 하는 아들을 만들었기 때문이다.
                          ☞ C. 페귀 〈레 카에 드 라 퀸젠〉지(誌)

장난감과 먹을 것이 많은데도 더럽고 단정치 못한 어린이는
어쩔 수 없는 장난꾸러기이거나, 아니면 그의 아비가 부족하
기 때문일 것이다.   ☞ R. L. 스티븐슨 〈체제〉

훌륭한 업적과 재단(財團)은 자식 없는 사람들이 만들어냈다.
                                    ☞ F. 베이컨 〈수필집〉

우리들을 부자지간으로 맺어주는 것은 혈육이 아니라 애정
이다.   ☞ 실러 〈군도(群盜)〉

아들이 자기보다 더 나무랄 데 없기를 바란다면, 먼저 아버지인 자신부터 나무랄 데가 없어야 한다.

☞ 플라우투스 〈거짓말쟁이〉

한 분의 아버지가 백 명의 스승보다 더 낫다.

☞ G. 하버트 〈명궁〉

자기 자식을 아는 아비가 현명한 아버지이다.

☞ 셰익스피어 〈베니스의 상인〉

우리를 고결하게 하는 것은 덕행이지 가문이 아니다.

☞ 보몬트와 플레처 〈예언자들〉

자녀들을 너희들 자신의 모형대로 만드는 것은 큰 죄악이다.
너희들의 모형은 반복할 가치가 없기 때문이다.
이것은 아이들도 알고, 너희들도 다 안다. 크게 달라지지
않으면, 결과적으로 너희들은 서로 미워하게 된다.

☞ K. 사피로 〈부르주와 시인〉

아무리 멀리 떨어진다 해도 핏줄은 끊지 못하는 것, 형제는
언제까지나 형제이다. ☞ J. 키블 〈기독교인의 해〉

아버지보다 어머니가 자식을 더 사랑한다. 어머니는 자식을 자기 자식으로 알지만, 아버지는 자기 자식이라고 생각할 뿐이기 때문이다. ☞ 메난드로스 〈유고집〉

피는 물보다 진하다. 사람이 고통을 당할 때는, 친척의 열려진 품을 찾아내는 것이 가장 좋다.
☞ 에우리피데스 〈안드로마케〉

좋은 가문에 태어나는 것은 바람직한 일이다. 그러나 그 영광은 조상의 것이다.
☞ 플루타르코스 〈아이들의 지도에 대하여〉

천한 것과 훌륭한 것은 가문으로가 아니라, 그 사람의 태도와 마음의 순수성으로 구별하라. ☞ 호라티우스 〈풍자 시집〉

아무리 세상일이 재미있고 자유를 갈망하더라도, 우리의 소망은 평온을 찾아 가정으로 되돌아오는 것이다.
☞ 골드스미스 〈세계 시민〉

쾌락과 궁전 속을 거니는 것도, 언제나 초라한 내 집만큼 편안하지는 않다. ☞ J. H. 페인 〈집, 즐거운 집〉

천천히 화내는 사람을 조심하라.

좀처럼 화를 내지 않는 사람이 성을 내면, 자주 화를 내는 사람보다 심하고 오래 간다. ☞ F. 퀼즈 〈편람〉

가정과 가정생활의 안정과 향상이 문명의 주요 목적이요, 모든 산업의 궁극적 목적이다.

☞ C. W. 엘리어트 〈행복한 생활〉

천막을 치고 야영을 하는 데는 백 명의 남자가 필요하지만, 가정을 이루는 데는 여자 하나면 된다.

☞ C. G. 잉거솔 〈여인〉

가정은 소녀의 감옥이요, 부인의 노역소이다.

☞ 버나드 쇼 〈혁명가를 위한 금언집〉

하나하나 뜯어보면 좋게 보이지 않는 얼굴일지라도, 모두 합쳐보면 좋게 보일 수 있다.

☞ F. 베이컨 〈수필집 : 미에 대하여〉

가정이 행복해지려면 인내가 필요하다. 변덕스러운 자는 불행을 불러들이기 마련이다. ☞ G. 산타야나 〈이성의 생활〉

사람은 집에 머물 때 그의 행복에 가장 가까워지고, 밖으로 나가면 그의 행복에서 멀어지기 십상이다.

☞ J. G. 홀런드 〈금언집〉

어느 곳에나 가정이 있는 자는 가정이 없는 것과 마찬가지다.

☞ 마르티알리스 〈경구집〉

안락한 집은 행복의 근원이다. 그것은 바로 건강과 착한 양심 다음 자리를 차지한다.   ☞ S. 스미드 〈머리 경에의 서한〉

정신이 눈을 지배하면, 눈은 잘못된 길을 가지 않는다.

☞ 푸블릴리우스 시루스 〈잠언집〉

생명이 없는 시체가 값이 나가지 않는 이유는, 정신이 더할 나위 없이 고귀하기 때문이다.

☞ N. 호돈 〈블라인드데일 계곡의 사랑〉

현명한 자는 자기 마음의 주인이 되지만, 미련한 자는 그 노예가 될 것이다.   ☞ 푸블릴리우스 시루스 〈잠언집〉

입에서 단 것이 위에서는 쓰다.   ☞ 미상

우선 네 마음속의 평화를 지켜라. 그러면 다른 사람들에게도 평화를 가져다 줄 수 있다.

☞ 토마스 아 캠피스 〈그리스도를 본받아〉

쾌락이 일종의 죄이듯, 죄가 일종의 쾌락이 되는 사람도 있다.

☞ 바이런 〈돈 주안〉

쾌락에 대항하는 것은 현자(賢者)의 역할이요, 쾌락의 노예가 되는 것은 우자(愚者)의 역할이다.

☞ 에픽테토스 〈단편집〉

쾌락을 사랑하는 자는 틀림없이 쾌락으로 멸망한다.

☞ C. 말로 〈파우스투스 박사의 비극〉

진실은 언제나 씁쓸하지만, 쾌락은 악행을 수반한다.

☞ 성(聖) 제롬 〈서간집〉

분노를 억누르지 못하는 것은 수양이 부족하고 무절제하다는 표시다. 그러나 항상 그것을 억누르는 것은 쉽지 않다. 그것이 불가능한 상황이 반드시 있기 때문이다.

☞ 〈플루타르크 영웅전〉

노고 후의 수면, 풍랑 뒤의 항구 정박, 전쟁 뒤의 평온, 삶
뒤의 죽음 — 이것이 인생에 있어 최대 기쁨이다.

☞ H. 스펜서 〈요정 여왕〉

적당한 쾌락은 정신의 긴장을 풀리게 하고 진정시킨다.

☞ 세네카 〈분노〉

장미에 찔리는 것보다는, 쐐기풀에 찔리는 것이 낫다.

☞ H. G. 본 〈격언 수필〉

내가 알고 있는 가장 큰 기쁨은 선행을 몰래 하고, 그것이
우연히 드러나는 일이다.   ☞ C. 램 〈다화(茶話)〉

인생의 커다란 기쁨은, 사람들이 할 수 없다고 말하는 일을
당신이 하는 것이다.   ☞ 배저트 〈문학 연구〉

행복은 머물러 있지 않고, 날개를 펼쳐 날아가 버린다.

☞ 마르티알리스 〈경구집〉

가벼운 슬픔은 사람을 수다스럽게 만들지만, 큰 슬픔은 벙어
리가 되게 한다.   ☞ 세네카 〈도덕론〉

마냥 슬픔에 잠겨 있는 것은 위험한 짓이다. 용기를 앗아갈 뿐더러, 회복하려는 의욕마저 잃게 하기 때문이다.

☞ 아미엘 〈일기〉

기쁨은 친구를 갖게 하지만, 슬픔은 고독만을 남겨준다.

☞ B. 네이던 〈삼나무 상자〉

슬픔은 나누면 반으로 줄어들지만, 기쁨은 나누면 배로 늘어난다.

☞ J. 레이 〈영국 격언집〉

분노는 영혼을 활기차게 하는 원동력 중 하나이다. 그래서 분노가 없는 사람의 마음은 불구이다.

☞ T. 풀러 〈신성 이교국〉

부서지기 쉬운 얼음처럼, 분노는 시간이 흘러감에 따라 사라진다.

☞ 오비디우스 〈사랑의 기술〉

만족은 연료를 더 넣는 데 있지 않고, 불을 좀 덜 때는 데 있다.

만족은 재산을 늘리는 데 있지 않고, 인간의 욕망을 줄이는 데 있다.

☞ T. 풀러 〈성지(聖地)〉

성이 나면 말하기 전에 열을 세라. 그래도 화가 나면 백을 세라.
☞ T. 제퍼슨 〈문집〉

사회에 대해 큰 소리로 불평하는 자가 '그 사회의 복지를 위해서 가장 많이 심려하는 자'라고 생각하는 것은 일반적인 잘못이다.
☞ E. 버트 〈'국가의 현장' — 출판에 관한 비평〉

누구든지 성을 낼 수 있다. — 그것은 쉬운 일이다. 그러나 올바른 대상에게, 올바른 정도로, 올바른 시간에, 올바른 목적으로, 올바른 방식으로 성을 내는 것 — 그것은 모든 사람들이 할 수 있는 일이 아니며, 쉬운 일도 아니다.
☞ 아리스토텔레스 〈니코마크 논리학〉

숨 쉬는 자는 고통이 있고, 생각하는 자는 비통이 있다. 평화는 오직 태어나지 않은 자에게만 있을 뿐이다.
☞ M. 프라이어 〈세상의 허영에 대한 솔로몬〉

상처는 네게 있지만, 그 고통은 내게 있다.   ☞ 찰스 9세
(성(聖)바돌로뮤 대살육전에서 중상을 입은 콜리니 제독에게 한 말)

바보일수록 웃음이 헤프다.   ☞ 당쿠르 〈시골의 가정〉

고통스러운 삶보다 차라리 죽음을 택하겠다.

태어나 불행한 것보다는 태어나지 않는 것이 더 낫다.

☞ 아에스킬루스 〈단편집〉

고통 뒤에 기쁨이 따르지 않는다면, 누가 고통을 참겠는가?

☞ S. 존슨 〈아이들러〉지(誌)

고통을 잊어버리는 것이 그것을 치료하는 길이다.

☞ 푸블리니우스 〈잠언집〉

만일 사람이 참된 마음으로 자기 인생을 인내하고자 한다면,
인간의 가장 큰 재산은 적은 것에 만족하며 사는 것이다.
적은 것은 결코 모자라는 것이 아니기 때문이다.

☞ 루크레티우스 〈자연의 본질론〉

만족은 먹고 잠자는 것만 중요하게 여기는 사람들의 따뜻한
돼지우리이다.　　　　　　　☞ E. 오닐 〈마르코 밀리온즈〉

비참하다고 생각하지 않는다면, 비참한 것은 아무것도 없다.
어떠한 상태라도 그것을 지니는 사람이 만족하면 행복하다.

☞ 보에티우스 〈철학의 위안〉

만족은 부(富)요, 마음의 풍요이다. 그런 풍요를 찾을 수 있는 자는 행복하다. ☞ J. 드라이든 〈바드의 아내 이야기〉

노동에서 건강이, 건강에서 만족이 샘솟는다. 만족은 모든 기쁨의 구원을 열어 준다. ☞ J. 비티 〈음유 시인〉

명성이란, 생존한 사람에게는 거의 관심을 돌리지 않는다. 하지만 죽은 사람은 화려하게 장식해 주고, 그의 장례식을 준비해 주며, 마침내 무덤까지 따라가 주는 장의사이다.
☞ C. C. 콜튼 〈라콘〉

인생의 가치는 세월의 길이에 있는 것이 아니라, 우리가 그것을 사용하는 데 있다. 아무리 오래 살아도, 인생으로부터 얻는 것은 적을지 모른다.
인생에서 얼마만큼 만족을 찾느냐 하는 것은 몇 살이라는 나이로 정해지는 것이 아니라, 오직 자신의 의지에 달린 것이다. ☞ 몽테뉴 〈수상록〉

자기가 소유하고 있는 것을 가장 풍부한 재산으로 여기지 않는 자는, 그가 비록 이 세상의 주인이라 할지라도 불행하다.
☞ 에피쿠로스 〈단편집〉

너에게는 경쟁자가 있기도 하고 없기도 할 것이다.
너에게 경쟁자가 있다면, 그에게 우선권이 돌아가도록 하기
위해 노력해야 한다. 만약 경쟁자가 없다면, 경쟁자를 갖지
않도록 하기 위해 노력해야 한다.

☞ P. C. D. 라클로 〈위험한 결합〉

행복하니까 만족하는 것이지, 만족하니까 행복을 느끼는 것
은 아니다.　　☞ W. S. 랜더 〈상상적 대화 : 부르크와 시드니〉

절대적인 사람은 자기가 좋아하는 것을 할 수 있다.
자기가 좋아하는 것을 할 수 있는 사람은 쾌락을 즐길 수
있고, 쾌락을 즐길 수 있는 사람은 만족할 수 있다.
만족할 수 있는 사람은 갈망하는 것이 없으며, 갈망하는 것
이 없을 때에 문제는 끝난다.　　☞ 세르반테스 〈돈키호테〉

자기 몫에 만족하는 자가 가장 크고 가장 안전한 부(富)를
얻는다.　　☞ 푸블릴리우스 시루스 〈잠언집〉

즐거워해야 할 것을 즐거워하고 싫어해야 할 것을 싫어하는
것은, 뛰어난 사람의 가장 합리적인 처신이다.

☞ 아리스토텔레스 〈니코마크 논리학〉

어떤 자들은 지나치게 많이 갖고 있으면서도 여전히 탐한다. 나는 적게 가지고 있지만 더 많이 구하지 않는다.

그들은 비록 많이 가지고 있으나 가난하며, 나는 적은 것을 가지고도 부유하다.

그들은 가난하지만 나는 부유하며, 그들은 구걸하지만 나는 나누어 준다.

그들은 부족하지만 나는 만족하고, 그들은 애태우지만 나는 기꺼이 살아간다.　　　　☞ E. 다이어 경 〈롤린스〉지(誌)

불만은 자기 의존의 결핍이요, 의지의 허약이다.

☞ 에머슨 〈수필집 제1집 : 자기 의지〉

소크라테스의 말대로, 만일 세상의 모든 사람이 자기들의 육신과 마음과 운명에 대한 불평거리를 가져와서 산더미로 쌓아 놓고 그것을 똑같이 나누어 갖자고 한다면, 당신은 똑같이 분배하여 당신의 몫을 받겠는가? 아니면 지금 그대로 있겠는가? 의심할 바 없이 당신은 오늘 처한 상황을 택할 것이다.　　　　☞ R. 버튼 〈우울의 해부〉

불만은 개인이나 국가가 발전하는 첫걸음이다.

☞ 오스카 와일드 〈하찮은 여인〉

불평을 전혀 하지 않는 자는 복수를 계획한다.

☞ 드라이든 〈엡설럼과 아키토펠〉

때를 못 맞추는 웃음은 위험한 악행이다.

☞ 메난드로스 〈1행시〉

오늘 가장 환하게 웃는 자가 최후에 웃을 것이다.

☞ 니체 〈우상의 황혼〉

지각없는 웃음보다 더 바보스런 것은 없다.

☞ G. V. 카툴루스 〈서정 시집〉

아무 때나 웃지 말라. 지혜로운 자는 상황에 맞게 웃는다.

☞ G. 허버트 〈교회 현관〉

상놈은 자주 깔깔거리지만 결코 미소를 띠지 않는 반면, 양
반은 미소를 자주 띠지만 좀처럼 깔깔거리지 않는다.

☞ 체스터필드 경 〈서간집〉

너무 많이 웃는 자는 바보의 기질이 있고, 도무지 웃지 않는
사람은 늙은 고양이 기질이 있다.   ☞ T. 풀러 〈잠언집〉

눈물은 말 없는 슬픔의 언어이다.　☞ 볼테르 〈철학적 사전〉

모든 사람의 마음속에는 호랑이와 돼지와 나귀와 나이팅게일이 있다. 성격의 차이는 이 넷의 고르지 못한 작용에서 생긴다.　☞ A. 비어스 〈악마의 사전〉

여자의 눈물보다 더 빨리 마르는 것은 없다.　☞ T. 풀러 〈잠언집〉

현명하고 선량한 자는 치욕을 참지 못한다.　☞ 파비우스 막시무스, 플루타르코스 〈영웅전〉

재능은 조용한 곳에서 발달하고, 성격은 인간생활의 격류에서 이루어진다.　☞ 괴테 〈타소〉

사람이 어떻게 칭찬을 받아들이는가를 보면 그 사람의 성격을 알 수 있다.　☞ 세네카 〈서간집〉

냉정하면서 열기와 성급함이 없는 것은 훌륭한 자질이다. 괴팍한 자는 불행하다. 아무것도 그를 만족시킬 수 없기 때문이다.　☞ 라 퐁텐 〈우화집〉

누구도 자신의 성격이 가진 한계 이상으로 발전할 수는 없다.
☞ 블랙번의 몰리 자작 〈비평적 잡문집〉

성품상의 결함이 없는 자가 행복하다.
☞ F. A. 뒤팡루 주교 〈설교집〉

늑대는 이빨을 잃어도 그 천성은 잃지 않는다.
☞ T. 풀러 〈잠언집〉

사람은 누구나 독특한 정신상의 기질을 지니고 있다.
☞ 파에드루스 〈우화집〉

수백만의 얼굴들 중에서 똑같은 얼굴이 없다는 것은 모든
사람들의 공통된 놀라움이다.
☞ T. 브라운 경 〈의사의 종교〉

본능이란 배우지 않은 능력이다.   ☞ A. 배인 〈감각과 지능〉

절제된 명랑함은 아름다움을 더욱 돋보이게 하고, 지식을
기쁘게 하며, 재치를 온후하게 한다.
☞ 에디슨 〈테들러〉지(誌)

수치심이 없는 사람은 양심이 없다고 봐도 무방하다.

☞ T. 풀러 〈잠언집〉

상냥한 사람은 종종 다른 사람의 수치를 보고 나쁜 생각을 하지 않는다. ☞ 토라티우스 〈풍자 시집〉

그대가 하고 싶은 대로 어떤 사람의 마음속을 들여다보라. 그대는 누구에게서나, 그가 숨겨 두어야 할 검은 점을 적어도 하나는 발견할 것이다. ☞ H. 입센 〈사회의 기둥〉

인간의 으뜸가는 장점은 자기의 천성의 충동을 억제하는 데 있다. ☞ S. 존슨 〈잡문집〉

장점이 명성보다 더 값지다.

☞ F. 베이컨 〈에섹스 경에게의 서한〉

결점 중에서 가장 큰 결점은 그것을 전혀 깨닫지 못하는 것이다. ☞ T. 칼라일 〈영웅과 영웅 숭배〉

명성은 획득되어지는 것이며, 명예는 잃어서는 안 되는 유일한 것이다. ☞ 쇼펜하우어 〈인생의 지혜에 관한 금언집〉

나는 화려한 칭호를 사랑하는 사람이 아니다. 다만 나의 이름이 한 줄 혹은 두 줄로 기록되어서, 그것이 나의 이름과 나의 처녀성과, 나의 통치 기간과, 그 기간에서의 종교 개혁과, 그리고 내가 평화를 보존했던 사실을 짤막하게 설명해 주기를 바란다.　☞ 엘리자베드 1세

(정경부인들에게, 자기의 묘비명에 관해 토론하면서)

세상을 알면서 공명(功名)을 갖지 않는 것은 존경받을 만한 덕목이지만, 세상을 모르면서 공명을 갖지 않는 것은 그다지 칭찬할 만한 것이 아니다.

☞ W. R. 머천트 〈인지 사제의 기지와 지혜〉

너에게 명예가 찾아오면 기꺼이 받으라. 그러나 가까이 있기 전에는 붙잡으려고 손을 내밀지 말라.

☞ J. B. 오라일리 〈도로 규칙〉

명예를 잃은 자는 더 이상 잃을 것이 없다.

☞ 푸블리우스 시루스 〈금언집〉

명예는 모래사장도 없는 울퉁불퉁한 섬과도 같아, 일단 그곳을 떠나면 결코 돌아갈 수 없다.　☞ 브왈로 〈풍자 시집〉

명예와 영화, 그리고 세인의 허영심을 소리 높여 비난하는
사람들일수록 명예와 영광을 동경한다.

☞ 스피노자 〈윤리학〉

부끄러운 재산보다 명예가 낫다.　　☞ E. 데샹 〈발라드 후렴〉

자신이 더 이상 명예롭게 살 수 없을 때, 명예롭게 죽는 것이
명예를 지키는 길이다.　　☞ W. B. 커먼 〈나비부인〉

명성은 행동의 결과이다.

☞ 아리스토텔레스 〈니코마크 논리학〉

부(富)나 미(美)가 주는 명성은 덧없고 부서지기 쉽다. 그러
나 정신적인 우수성은 찬란하게 빛나는 영원한 재산이다.

☞ 살루스티우스 〈카틸리나〉

호흡이 육체의 생명이듯이, 명성은 정신의 생명이다.

☞ 그라시안 E. 몰레레스 〈완전한 신사〉

명성은 좋은 사람들이 좋은 사람에게 베푸는 칭찬이다.

☞ 세네카 〈루킬리우스에의 서한집〉

좋은 명성은 제2 의 생명이며, 영원한 생존의 기초 공사이다.

☞ 바스카라 아카리아 〈금언〉

정복자의 명성, 그것은 인류의 멸망에서 생기는 잔인한 명성이다.

☞ 체스터필드 경 〈서간집〉

열심히 일한 결과로 세상에 알려지자, 그것을 피하기 위해 검은 안경을 쓰는 사람이야말로 진정한 명사(名士)다.

☞ F. 앨런 〈망각으로의 답차〉

삶에 있어서 첫 번째로 어려운 일은 명성을 얻는 것이고, 다음은 생전에 그것을 유지하는 것이다. 그리고 그 다음은 죽은 후에 그것을 보존하는 것이다.

☞ B. R. 헤이든 〈개화〉

명성은 모두 위험하다. 좋은 명성은 시샘을 가져오고, 나쁜 명성은 치욕을 가져온다.

☞ T. 풀러 〈잠언집〉

항상 야비한 사람이 가장 유명해진다. 유명해지려는 욕망이 바로 야비함이기 때문이다.

☞ G. K. 체스터튼 〈고려된 모든 것〉

나무는 열매로 알려지는 것이지, 잎으로 알려지는 것이 아니다. ☞ J. 레이 〈영국 격언집〉

명성은 강물과 같다. 가볍고 속이 빈 것은 뜨게 하고, 무겁고 실한 것은 가라앉힌다. ☞ F. 베이컨 〈수필집 : 의식과 존경〉

지나치게 유명해진 이름은 무거운 짐일 뿐이다.
☞ 볼테르 〈앙리왕의 노래〉

명예욕보다 덜 이기적인 것은 없다. 그것을 얻는 유일한 방법은 남을 위해 땀 흘리는 것이기 때문이다.
☞ W. S. 랜더 〈존언〉

만일 네가 알려고 하지 않으면서 알려지려 한다면, 시골에서 초목처럼 생활하라. 만일 알려고 하면서 알려지지 않으려면, 도시에서 생활하라. ☞ C. C. 콜튼 〈라콘〉

훌륭한 명성은 어둠 속에서도 빛을 발한다.
☞ J. 레이 〈영국 격언집〉

훌륭한 명성은 큰 재산보다 낫다. ☞ 세르반테스 〈돈키호테〉

불멸의 명성을 구하는 젊은이에게 보내는 나의 충고는 인기 없는 대의(大義)를 택하여 인생을 거기에 바치라는 것이다.

☞ G. W. 커티스 〈벤델 필립스〉

명성의 맛이 어떤지 결코 모르는 자가 행복하다. 명성을 얻는 것은 연옥이요, 명성을 원하는 것은 지옥이다.

☞ 버워 리튼 〈바론가의 최후인〉

견고한 탑은 부서지지만, 위대한 이름은 사라지지 않는다.

☞ P. 벤자민 〈위대한 이름〉

세월이 흐르면 모든 것이 과장된다. 땅에 묻힌 후, 그 사람의 명성이 입에서 입으로 전해지는 동안 더욱 커진다.

☞ 프로페르티우스 〈만가〉

명성과 영광에는 차이점이 있다. 후자는 많은 사람들의 판단에 달린 것이지만, 전자는 좋은 사람들의 판단에 달린 것이다.

☞ 세네카 〈루킬리우스에의 서한집〉

비록 인명(人命)은 짧다 하더라도 좋은 평판은 그 인간을 오래오래 살게 한다.   ☞ R. 워트킨즈 〈열기 없는 불꽃〉

착한 사람들의 영광은 그들의 양심 속에 있는 것이지, 입
속에 있는 것이 아니다.

☞ 토마스 아 캠피스 〈그리스도의 모방〉

강물이 대양으로 흘러가는 동안, 그늘이 산골짜기에서 움직
이는 동안, 하늘이 별에게 먹이를 주는 동안, 너의 명예, 너의
이름, 너의 영광은 남을 것이다.

☞ 메르길리우스 〈아미네이스〉

나쁜 상처는 고칠 수 있지만, 나쁜 평판은 고칠 수 없다.

☞ G. 허버트 〈명궁〉

좋은 말이든 나쁜 말이든, 세상 사람의 입에 가장 적게 오르
는 자가 가장 행복하다.

☞ T. 제퍼슨 〈존 애덤즈에게 보낸 편지〉

평판이라는 폭군은 우리가 겪는 어떤 폭군보다도 더 지독하다.

☞ H. 스펜서 〈교육론〉

나쁜 소문은 좋은 소문보다 더 빨리 퍼진다.

☞ T. 키드 〈스페인의 비극〉

야망은 휴식이 없다.　　　　　　　　☞ 벌워 리튼 〈리셰리외〉

야망은 온갖 풍토에서 자란다.

　　　　　　　　　　　☞ W. 블레이크 〈에드워드 3세〉

야망에는 결국 단 하나의 보상밖에 없다. 약간의 권력, 약간
의 일시적인 명예, 그 안에서 쉴 수 있는 무덤 그리고 사라지
는 이름뿐!　　　　　　　　☞ W. 윈터 〈여왕의 영토〉

사랑에는 눈물이 있고, 행운에는 기쁨이 있다. 용맹에는 명
예가 있으며, 야망에는 죽음이 있다.

　　　　　　　　　　　☞ 셰익스피어 〈줄리어스 시저〉

모든 죄악은 열등감, 즉 다른 말로 하면 양심이라는 것에
근원을 두고 있다.　　　　☞ C. 피베세 〈타고 있는 나무〉

만일 야심이 결핍된다면, 인간의 마음에 완전한 활기를 불어
넣는 것은 그 무엇이라도 힘들다.　　☞ H. 테일러 〈정치가〉

인간은 많이 가질수록 더 많이 갖고 싶어 한다.

　　　　　　　　　　　☞ J. 플로리오 〈첫 열매〉

팔려온 노예는 하나의 주인밖에 없지만, 야심이 많은 사람은 자기의 세력 증대에 도움이 될 수 있는 모든 사람의 노예가 되어야만 한다. ☞ 라 브뤼에르 〈인간 백태〉

탐욕(貪慾)은 항상 만족에 도달하지 못하고, 끝까지 욕구를 만족시키려는 무한한 노력 속에서 개인을 탕진시키는 바닥 없는 항아리이다. ☞ E. 프롬 〈자유로부터의 도피〉

양심과 평판은 각기 다르다. 양심은 자기 자신에게서 기인하지만, 평판은 이웃으로부터 생겨난다.
☞ 성 아우구스티누스 〈전집〉

바다는 바람이 자면 조용하다. 그와 마찬가지로 열망이 더 이상 없으면 우리도 평온하다.
☞ E. 윌러 〈예언적 신성시(神聖詩)에 관하여〉

지나친 권력욕은 천사를 타락시켰고, 지나친 지식욕은 인간을 타락시켰다. ☞ F. 베이컨 〈수필집〉

가난한 사람은 너무 적게 가진 사람이 아니라, 더 많이 갖기를 갈망하는 사람이다. ☞ 세네카 〈서간집〉

별을 따려고 손을 뻗는 자는 자기 발밑의 꽃을 잊어버린다.
☞ J. 벤담 〈의무론〉

소량의 독약은 때에 따라서 유쾌한 꿈을 가져다주지만, 다량
의 독약은 마침내 안락사의 원인이 된다.
☞ 니체 〈차라투스트라는 이렇게 말했다〉

열정은 일종의 마음의 열병으로, 그것은 어김없이 우리에게
있을 때보다 우리를 더 약하게 한 후 떠난다.
☞ W. 펜 〈고독의 열매〉

이 세상의 어떤 위대한 것도 정열 없이는 성취되지 않았다는
사실을 절대적으로 확신해도 된다.   ☞ 헤겔 〈역사 철학〉

진정한 마음의 평온은 정열에 복종함으로써 얻어지는 것이
아니라, 정열을 억제함으로써 얻어지는 것이다.
☞ 토마스 아 캠피스 〈그리스도를 본받아〉

열정은 홍수와 같다고 할 수도 있고, 시내와 같다고 할 수도
있다. 얕은 것은 졸졸 소리를 내지만, 깊은 것은 침묵을 지킨다.
☞ W. 롤리 경 〈말 없는 연인〉

폭군의 노예가 되는 것보다 자기 정열의 노예가 되는 것이
더 모진 운명이다.　　　　　　　　　☞ 스토바에우스 〈적화〉

나쁜 잡초는 빨리 자란다.　　　　　　　　☞ 흄 〈격언집〉

위대한 업적치고 열의 없이 이루어진 것은 없다.
　　　　　　　　　　　☞ 에머슨 〈수필집 : 제1집〉

선의(善義)는 우주에서 가장 강력하면서도 실제적인 힘이다.
　　　　　　　　　☞ C. F. 도울 〈클리블런드 연설〉

무한한 선(善)은 무한히 넓은 팔을 갖고 있어서, 그에게 돌아
가는 것은 뭐든지 받아들인다.　　　☞ 단테 〈신곡 : 연옥편〉

선은 특수한 종류의 진리요, 미(美)이다. 아울러 선은 인간
행위에 있어서의 진리이며 미이다.
　　　　　　　　☞ H. A. 오우버스트리스 〈항구적인 의문〉

이름 모를 착한 사람이 해놓은 일은, 땅 속에 숨어 흐르면서
남 몰래 땅을 푸르게 해 주는 수맥(水脈)과도 같다.
　　　　　　　　　　　　　☞ T. 칼라일 〈수필집〉

착한 것보다는 아름다운 것이 좋지만, 악한 것보다는 추한 것이 더 낫다. ☞ 오스카 와일드 〈도리언 그레이의 초상〉

백색은 흑색을 중화시킬 수 없고, 인간의 선은 악을 보상하지도 용서하지도 못한다. 인간이 할 일은 무서운 선택뿐이다.
☞ R. 브라우닝 〈반지와 책〉

내가 생각하는 바, 선한 인생이야말로 행복한 인생이다. 그것은 당신이 선하다면 행복할 것이라는 뜻이 아니라, 당신이 행복하다면 선할 것이라는 뜻이다.
☞ B. 러셀 〈변하는 세계의 새 희망〉

타인에게 선을 베풀려면 은밀하게 행해야 한다.
일반적인 선은 악한의 핑계요, 위선이며 아첨이다.
예술과 과학은 상세하게 조직된 은밀한 것들 속에서밖에는 존재할 수 없기 때문이다. ☞ W. 블레이크 〈페루살렘〉

할 수 있는 모든 선을 행하라.
할 수 있는 모든 방법으로, 할 수 있는 모든 장소에서, 할 수 있는 모든 시간에, 할 수 있는 모든 사람에게, 할 수 있는 한 모든 것을 다하여……. ☞ J. 웨슬리 〈행동의 규칙〉

선량한 사람 치고 벼락부자가 된 사람은 없다.

☞ 푸블리우스 시루스 〈금언집〉

선한 것이나 악한 것이 따로 있는 것이 아니다. 다만 생각이 그렇게 만들 뿐이다. ☞ 셰익스피어 〈햄릿〉

보다 큰 악이 닥쳐오지 않게 하려면 현재의 악을 굴복시켜라.

☞ 파에드루스 〈우화집〉

모든 선한 자가 다 영리하고, 모든 영리한 자가 다 선하다면 이 세상은 우리가 생각하는 것보다 훨씬 더 아름다울 것이다. 그러나 거의 혹은 전혀, 이 두 가지는 합쳐질 수 없다. 선한 자는 영리한 자에게 거슬리고, 영리한 자는 선한 자에게 무례하기 때문이다.

☞ E. 워즈워드 〈성(聖) 크리스토퍼와 기타 시(詩)〉

대부분의 악은 덕이라는 가면을 쓰고 기어든다.

☞ G. 허비 〈서간집〉

악은 자신이 보기 흉하다는 것을 알고 있다. 그러기에 가면을 쓴다. ☞ B. 플랭클린 〈가난한 리처드의 달력〉

아무리 전능한 사람도 자기 운명을 일시 정지시킬 수 는 없다. 선한 자는 일찍 죽고, 악한 자는 오래 산다.
☞ D. 데포우 〈고(故) S. 애너슬리 박사의 인품〉

우리를 고결하게 하는 것은 덕성이지 가문이 아니다. 위대한 행동은 위대한 정신을 말하고, 그와 같이 지배할 것이다.
☞ J. 플래처 〈여(女) 예언자〉

모든 사람은 동등하다. 하지만 그것은 타고나는 것이 아니라 덕에 의해 달라지는 것이다.
☞ 볼테르

악은 스승이 없이도 익힌다.
☞ T. 풀러 〈금언집〉

덕은 일종의 건강이며, 영혼을 살찌게 하는 존재 형식이다. 거기에 반해서 악덕은 병이며, 영혼의 허약함이다.
☞ 플라톤 〈국가론〉

악에 다다르는 길에는 군중이 넘쳐나고, 그 길은 평탄하며, 또한 매우 가깝다.
그러나 덕의 정상에 다다르려면 땀과 괴로움이 동반되지 않으면 안 된다.
☞ 헤시도오스

한 시대에는 12가지 악이 있다.

1. 훌륭한 업적 없는 현인
2. 신앙심 없는 노인
3. 복종하지 않는 젊은이
4. 자비심 없는 부자
5. 절제하지 않는 부녀자
6. 덕망 없는 군주
7. 시비 걸기 좋아하는 기독교인
8. 거만한 가난뱅이
9. 불공평한 임금
10. 태만한 목사
11. 기강이 무너진 서민
12. 법률을 무시하는 국민　　　☞ 미상 〈12가지 악〉

악을 피하기 위해 선을 저지름은 선일 수 없다.

☞ 쉴러 〈발렌슈타인〉

악행은 덕행보다 언제나 더 쉽다. 그것은 모든 것에 지름길로 가기 때문이다.　　　☞ S. 존슨

선의 끝은 악이요, 악의 끝은 선이다.　☞ 라 로시코프 〈금언집〉

악은 즐거움 속에서도 괴로움을 주지만, 덕은 고통 속에서도 우리를 위로해 준다.　　　　　　　☞ C. C. 콜튼 〈라콘〉

덕행은 인간을 인간 이상으로 높여줄 수 있고, 사악한 행동은 인간을 인간으로서의 조건과 가치 이하로 떨어뜨린다.
　　　　　　　☞ 보헤티우스

여자를 교만케 하는 것은 그 미모이며, 찬양받게 하는 것은 그 덕성이다. 그러나 덕성과 미모를 겸비하면, 그것은 신성(神性)이다.　　　　　　　☞ 셰익스피어

유순함과 겸손함에서 모든 덕이 생긴다.　　☞ 몽테뉴

기질이 온건한 것은 하나의 덕이지만, 주의(主義)가 온건한 것은 항상 악덕이다.　　　　　　　☞ T. 페인

나는 미덕을 타락시키는 사람들보다는 악덕마저도 사랑할 수 있는 것으로 만드는 사람들을 더욱더 좋아한다.
　　　　　　　☞ H. 쥬벨

미덕만이 영원한 명성이다.　☞ F. 페트라르카 〈명성의 승리〉

덕은 어떤 목표를 달성하기 위한 수단이라고 생각된다. 하지만
그 수단은 그 목적이 가치 있는 것일 때만 의미를 갖는다.
☞ D. 흄 〈인간 오성론〉

덕행과 진리는 아름다울 뿐 아니라, 사랑할 만한 두 사람의
천사에 버금간다.
☞ F. 베이컨

인간으로서의 최대 미덕은 수완 있게 돈을 벌어 모으는 것이
지만, 어떤 일이 있더라도 타인에게 폐를 끼쳐서는 안 된다
는 말이다.
☞ 도스토예프스키 〈가난한 사람들〉

우리들의 덕행은 때때로 위장된 부덕에 지나지 않을 때가
있다.
☞ F. D. 라로슈푸코어 〈도덕적 반성〉

미덕은 결코 공포의 대상이 되지 않는 대담함과 강함이다.
☞ 셰익스피어

소극적인 미덕이란 존재할 수 없다. 설사 내가 동포를 위해
보람된 일을 했다 하더라도, 그것은 결코 자기 제한(自己制
限)에 의해서가 아니고 자기표현에서 비롯된 것이다.
☞ 처칠

미덕과 우정 이외에 칭찬에 값하는 것은 없으며, 우정 그 자체는 미덕의 일부에 지나지 않는다. ☞ A. 포우프

작은 일에 충실한 것이야말로 위대하고 영웅적인 미덕이다. ☞ 보나뷰차

물질은 어느 때고 미덕에 대한 우리의 마음을 파괴할 수 있다. ☞ 러셀 〈사랑이 있는 기나긴 대화〉

여성의 미덕이라는 것은 거개가 남자들이 만들어낸 발명품 에 지나지 않는다. ☞ G. 샹트베에브

미덕은 악덕을 삼가는 것이 아니라, 악덕을 바라지 않는 데 서부터 비롯되는 것이다. ☞ 버나드 쇼 〈혁명주의자를 위한 격언〉

미덕에서는 사람마다 차이가 없지만, 악덕에서는 크게 차이 가 난다. ☞ 하버트 〈천(千)과 하나의 격언〉

지혜는 다음에 해야 할 일을 알게 하지만, 미덕은 다음에 해야 할 일을 미리 행하게 한다. ☞ J. 조단 〈절망의 철학〉

모든 미덕은 자기를 버리는 데서 완성된다. 과일의 달콤한 맛은 싹을 내포하고 있기 때문이다.

☞ 앙드레 지드 〈지상의 양식〉

인생과 운명

인생의 본분은 전진이다.   ☞ S. 존슨 〈아이들러〉지(誌)

인생은 만나는 것이 아니라 헤어지는 것이다.
쓸쓸한 나그네 길의 우의(友誼)도 그저 지나치며 인사하는
것으로, 잠시 동안의 우정에 지나지 않는다.

    ☞ D. 맬로크 〈하루〉

모든 사람의 일생은 신의 손가락으로 쓰인 동화다.

    ☞ 안데르센 작품집의 서문

아무리 이기적이고 아무리 탐욕스럽다 하더라도, 모든 인생은
결국 비극이다. 삶이란 죽음으로 끝나는 것이기 때문이다.

    ☞ A. 오스틴 〈사보나롤라〉 서문

인생의 가장 큰 결함은, 그것이 항상 불완전하다는 사실이다.

☞ 세네카 〈루킬리우스에의 서한집〉

인생이란, 아무리 고치고 고쳐도 어딘가가 불편한 옷이다.

☞ D. 머코드 〈프랜크린 씨에 대하여〉

인생은 두 개의 영달이라는 차가운 봉우리와 황망한 봉우리들 사이에 있는 골짜기이다. 우리는 그 꼭대기 너머를 보려고 헛되이 노력한다.

☞ R. G. 잉거솔 〈그의 형제의 무덤 앞에서〉

연기가 얼마나 오래 지속되는가가 중요한 것이 아니라, 연기가 얼마나 훌륭한가가 중요한 것이다. 인생도 이와 같다.

☞ 세네카 〈루킬리우스에의 서한집〉

오래 산다는 것은 거의 모든 사람의 소원이지만, 훌륭히 산다는 것은 소수인의 야망이다.　　☞ J. 휴즈 〈평수도사〉

근사하게 보이는 인생을 더 이상 믿지 말고, 지나간 세월을 보충하라. 그리고 하루하루를 마치 그대의 마지막 날인 것처럼 살아가라.　　☞ W. 드러먼드 〈죽음의 최후 유언〉

인생의 매 순간은 무덤으로 향하는 한 걸음이다.

☞ 크레비용 〈티트와 베레니스〉

얼마나 오래 사느냐가 아니라, 어떻게 사느냐가 문제이다.

☞ P. J. 베일리 〈축제〉

인생이 무엇인가를 알기 이전에, 우리 인생은 반이 허비된다.

☞ G. 허버트 〈명궁〉

단 한 번뿐인 인생, 그것을 남을 위해 사는 것이야말로 가치
있는 인생이다.　　　　☞ A. 아인슈타인 〈유드〉지(誌)에서

인생의 가치는 삶의 길이에 있지 않고, 그 삶을 무엇으로
채웠느냐에 있다. 하지만 아무리 오래 살아도 인생에서 그
가치를 찾지 못할 수도 있다.
우리가 인생에서 가치를 발견하느냐 못하느냐는 몇 년을
살았다는 데 있지 않고, 그것을 얻기 위해 얼마나 애썼느냐
에 달려 있다.　　　　　　　　　　☞ 몽테뉴 〈수상록〉

우리가 자연으로부터 받은 수명은 그리 길지 않지만, 잘 소
비된 일생의 기억은 영원하다.　　☞ 키케로 〈필립피코 변호〉

생명은 자연의 가장 아름다운 발명이며, 죽음은 더 많은 생명을 얻기 위한 자연의 계교이다.

☞ 괴테 〈자연에 관한 경구집〉

나이는 거역할 수 없다. ☞ F. 베이컨 〈수필집〉

생명은 죽음의 그림자에 불과하고, 떨어져 나간 영혼은 삶의 그림자에 불과하다. 모든 것은 이 이름 아래에 떨어진다. 태양은 신의 어두운 환영에 불과하고, 빛은 신의 그림자에 지나지 않는다. ☞ T. 브라운 경 〈시루스의 정원〉

먹기 위해 살지 말고, 살기 위해 먹어라!

☞ B. 프랭클린 〈가난한 리처드의 달력〉

산을 칭찬하되 낮게 살고, 바다를 찬미하되 육지에서 살라.

☞ G. 허버트 〈명궁〉

현명하고 선하고 공정하게 살지 않고서는 즐겁게 사는 것이 불가능하다. 또한 즐겁게 살지 않고서는 현명하고 선하고 정직하게 사는 것이 불가능하다.

☞ 에피쿠로스, 디오게네스 라에르티우스의 저서에서

인간들은 자신이 얼마나 고약하게 살고 있는지에는 관심을 두지 않으면서, 얼마나 오래 살 것인가만을 염려한다. 고결하게 사는 것은 모든 사람들의 능력 안에 있지만, 오래 사는 것은 사람의 능력 안에 있지 않은데도 말이다.

☞ 세네카 〈서간집〉

명예로운 행동으로 전체가 꽉 차고, 고상한 모험으로 충만된 인생의 한 시간은, 하찮은 예절의 전 생애만큼 가치 있다.

☞ W. 스코트 경 〈파리의 로베르 백작〉

훌륭하게 사는 자가 오래 사는 것이다. 우리들의 나이란 햇수와 날수와 시간 수로 헤아려서는 안 되기 때문이다.

☞ 바르타의 영주 〈예배 주일과 할 일〉

인생은 짧고, 예술은 길며, 기회는 순식간에 사라진다. 또한 경험은 믿을 수 없으며, 판단은 어렵다.

☞ 히포크라테스 〈경구집〉

간단하고 협소한 우리 인생의 짧은 개화는 재빨리 날아간다. 우리가 꽃과 술과 여인을 탐하고 있는 동안, 늙음이 슬그머니 우리 앞에 다가와 있다. ☞ 유베날리스 〈풍자 시집〉

세월은 유수와 같아 청춘은 이내 사라지고, 우리가 기다리는 것은 아무것도 없네.
인생은 충실한 친구 같으나 영원하지 않고, 조수처럼 흐를 뿐이네. ☞ C. G. 릴런드 〈하나 속에 많은 것이〉

젊은이는 소망으로 살고, 노인은 추억으로 산다.
☞ 프랑스 격언

청년은 소득의 시절이요, 중년은 향상의 시절이며, 노년은 소비의 시절이다.
방심한 청춘에는 대개 무지한 중년 시절이 뒤따르고, 이 두 시절을 껍데기뿐인 노경이 뒤따른다.
허영심과 거짓말밖에 먹고 살 것이 없는 자는, 슬픔의 밑바닥에 누워 있을 수밖에 없다.
☞ A. 브레드스트리트 〈33명상집〉

청년기는 자신 만만하고, 장년기는 조심스러우며, 노경(老境)에는 다시 자신만만해진다. ☞ M. F. 터퍼 〈격언적 철학〉

20세에는 의지가 지배하고, 30세에는 기지가, 40세에는 판단이 지배한다. ☞ B. 프랭클린 〈가난한 리처드의 달력〉

청년기를 열정으로, 성년기를 투쟁으로, 노년기를 명상에
잠겨 살지 않은 인생은 완전치 못하다.

☞ W. S. 블런트 〈완전한 인생〉

젊을 때에는 노년을 위해 저축하고, 늙으면 죽음을 위해 저
축한다.   ☞ 라 브뤼에르 〈인간 백태〉

젊은이들은 앞으로 재빠르게 전진한다. 모든 기쁨의 나라가
그들 눈앞에 펼쳐져 있기 때문이다.
그러나 늙은 사람들은 넘어지면서 하루, 또 하루, 느릿느릿
제자리걸음을 한다. 여전히 뒤를 돌아보면서…… 모든 기쁨
의 나라가 그들 뒤에 있기 때문이다.
그러나 슬픔 때문에 망설이지 말라. 오직 앞으로, 앞으로,
목적을 이루는 그 시각까지!

☞ F. A. 켐블 〈젊은 신사들에게 보내는 시〉

내가 한 위대한 일의 대부분은 청년기에 이루어졌다.

☞ B. 디즈데일리 〈커닝즈비〉

지혜가 아니라 운명이 사람의 일생을 지배한다.

☞ 테오프라스투스 〈칼리스테네스〉

괴팍한 노인과 청춘은 같이 지낼 수 없다. 청춘은 기쁨에 가득 차 있고, 노년은 근심 걱정뿐이기 때문이다.

청춘은 여름날 아침 같고, 노년은 겨울철 어느 날의 날씨 같다. 청춘은 여름철같이 왕성하지만, 노년은 겨울철같이 황량하다. 청춘에게는 심심풀이 놀이가 많지만, 노년은 금방 숨이 찬다. 청춘은 날쌔지만, 노년은 절름발이이다. 청춘은 혈기 왕성하지만, 노년은 허약하다. 청춘은 야생적이지만, 노년은 무기력하다.

노년아, 나는 너를 증오한다. 청춘아, 나는 너를 숭배한다.
☞ 셰익스피어 〈정열의 순교자〉

청년기는 유일하게 즐거운 계절이다. 자기 일생의 첫 25년을 비록 궁핍과 치욕 속에 보냈다 하더라도 긴 생애의 나머지 삶과 맞먹으며, 그 이후의 삶을 재산과 명예와 존경 속에서 살아가게 하는 힘이 된다. ☞ G. 버로우 〈집시의 호밀〉

하늘은 때를 안다. 총에 맞고 안 맞고는 운명에 달려 있다.
☞ W. 스코트 경 〈파리의 로버트 백작〉

인간의 모든 것은 썩기 마련이다. 따라서 운명이 부르면 제왕도 복종해야 한다. ☞ J. 드라이든 〈먹 플리크노〉

행위, 과학, 예술, 문학에서 이룬 모든 인간의 업적을 합하라.
— 거기에서 40세 이상의 사람이 하는 일을 제거하라. 그러
면 커다란 보물들을, 그것도 막대한 가치의 것들을 잃을까
걱정되겠지만 실질적으로는 현재의 상태가 될 것이다.
…이 세상에서 일어나는 효과적이고, 감동적이며, 활기를
불어넣는 대부분의 업적은 25세와 40세 사이에서 이루어졌다.
☞ H. 쿠싱 〈W. 오슬러 경의 생애〉

청춘기의 소망과 희망을 실현하기 위해 애쓰는 사람은 누구
나 중년기가 되었을 때 자기 자신을 속인다.
인간의 일생을 돌아보면, 각 10년마다 그 나름의 행운과 희
망과 욕망이 있기 때문이다. ☞ 괴테 〈친화력〉

힘과 건강이 허락하는 한 일을 피하지 말라. 곧 허리 굽은
노경이 발소리를 죽이고 다가올 것이다.
☞ 오비디우스 〈사랑의 기술〉

아직 노령기가 되려면 멀었는데도 그것을 두려워한다. 오래
살길 바라면서 노령기를 두려워하기 때문이다.
말하자면, 우리는 인생을 사랑하면서 죽음을 피해 달아나고
있는 것이다. ☞ 라 브뤼에르 〈인간 백태〉

육체가 세월이란 군대에게 공격당하고, 사지가 정력의 탕진으로 말미암아 약해질 때, 마음은 깨어지고 생각과 말은 빗나간다. ☞ 루크레티우스 〈사물의 본질에 관하여〉

노인들을 사랑하고 존경하자. 노인의 경험을 활용하면 즐거움이 가득해진다. …가장 맛있는 파이 한 조각이 마지막을 위해서 남겨지는 것처럼. ☞ 세네카 〈루킬리우스에의 서한집〉

늙음을 슬프게 만드는 것은 즐거움이 없어지기 때문이 아니라, 희망이 없어지기 때문이다. ☞ 장 파울(리히터) 〈타이탄〉

기어가는 것이 내 운명이라면 기꺼이 기어갈 테고, 날아가는 것이 내 운명이라면 재빨리 날아 갈 테다.
그러나 그것을 피할 수 있는 한, 나는 결코 불행하지 않을 것이다. ☞ S. 스미드 〈개화〉

인생의 가장 쓰라린 비극적 요소는 이성이 없는 운명, 혹은 숙명을 믿는 것이다. ☞ 에머슨 〈지성과 자연사 : 비극〉

바람의 변덕을 불평하는 것은 어리석다.
☞ 오비디우스 〈여걸〉

인간은 운명이 강요하는 것을 감수해야 한다. 바람과 물살에 역행하는 것은 소용없는 일이기 때문이다.

☞ 셰익스피어 〈헨리 6세 3부〉

인간은 자기 감옥 문을 열고 달아날 권리가 없는 죄수이다. 인간은 신이 자신을 소환할 때까지 기다려야만 하며, 자기가 자기의 목숨을 거두어서는 안 된다.　　☞ 플라톤 〈대화편〉

행운은 물레방아처럼 돌고 돌아, 어제 정상에 있었던 사람이 오늘은 밑바닥에 깔린다.　　☞ 세르반테스 〈돈키호테〉

행운의 신은 여자이기 때문에, 대담하게 그녀에게 명령하는 젊은이에게 호의를 보인다.　　☞ 마키아벨리 〈군주론〉

친구여, 행운은 기교가 돕지 않으면 약하다고 나는 종종 생각했네. 마찬가지로 모든 기교도 행운이 돕지 않으면 허사일세.

☞ 셰리던 〈아리스퇴네투스의 사랑의 편지〉

다음의 넷은 돌아오지 않는다. ― 입 밖에 낸 말, 쏴버린 화살, 흘러간 세월, 간과해 버린 기회.

☞ 오마르 이븐 〈어록〉

행운의 신은 여자의 성질을 갖고 있어서, 너무 조르면 더욱 멀어진다.
☞ F. 베이컨 〈학문의 진보〉

운명의 여신은, 우리 일생에서 우리 손에 한 번 좋은 운을 제공해 준다.
☞ G. 펜턴 경 〈반델로〉

행운의 여신이 지나치게 호의를 베풀 때는 그 사람을 바보로 만든다.
☞ 푸블릴리우스 시루스 〈금언집〉

인간에게 행운과 훌륭한 지각이 한꺼번에 오는 경우는 드물다.
☞ 리비 〈사서〉

불운은 올 때는 날아오지만, 떠날 때는 걸어서 간다.
☞ H. G. 본 〈격언수첩〉

불운을 참는 것은 쉬운 일이지만, 그것을 끝까지 견디는 것은 어려운 일이다.
☞ 세네카 〈티스테스〉

불행한 때 슬퍼한 적이 없고, 운명을 통탄한 적이 없는 사람은 스스로 위대함을 보여준 것이다.
☞ 세네카 〈루킬리우스에의 서한집〉

인생은 운이 좋은 자에게는 짧으나, 불운한 자에게는 길다.

☞ 아폴로니우스, 스토바에우스 〈적화〉

최후에 웃는 자가 가장 신나게 웃는다.

☞ J. 밴부르 경 〈시골집〉

불운 속에서 용감해지는 것은 성인으로서의 가치가 있는 것이며, 불운 속에서 현명해지는 것은 운명을 정복하는 것이다.

☞ A. 레플러 〈분쟁 하에서〉

시종일관 한결같은 자는 운명을 믿고, 변덕을 부리는 자는 요행을 믿는다.

☞ B. 디즈레일리 〈비비언 그레이〉

위대한 희망은 위대한 인물을 만든다.

☞ T. 풀러 〈잠언집〉

인생은 만족보다 실망을 더 많이 지니고 있다.

☞ 디오게네스 라에르티우스 〈테오프라투스〉

한 번 뛰어서 하늘에 도달할 수는 없다. 때문에 낮은 땅에서 둥근 하늘로 올라가는 사다리를 만들고, 돌고 돌아서 마침내 그 꼭대기에 이른다.

☞ J. G. 홀런드 〈한 걸음씩〉

인간 중에서 가장 가련한 사람은 희망이 결여되어 있는 자이다.
☞ T. 풀러 〈금언집〉

미련한 자는 먼 곳에서 행복을 찾고, 현명한 자는 자기 발밑에서 행복을 키운다.
☞ J. 오펜하임 〈현인〉

손꼽아 기다리는 일은 좀처럼 일어나지 않고, 거의 기대하지 않은 일은 잘 생긴다.
☞ B. 디즈레일리 〈콘타리니 플레밍〉

자기가 어느 항구로 가고 있는지를 모른다면, 어떤 바람도 순풍이 되지 못한다.
☞ 세네카 〈루킬리우스에의 서한집〉

그르게 되는 길은 여러 가지가 있으나, 바르게 되는 길은 단 하나가 있을 뿐이다. 이것이 바로 실패하기는 쉽고 성공하기는 어려운, 즉 목표를 빗나가기는 쉬우나 목표를 맞추기는 어려운 이유이다.
☞ 아리스토텔레스 〈니코마크 논리학〉

자기의 빵을 눈물 흘리며 먹어 보지 않은 사람, 근심으로 가득한 밤에 자기 잠자리에서 울어 보지 않은 사람은 너를 모른다. 너, 하늘의 힘을……
☞ 괴테 〈빌헤름 마이스터의 수업 시대〉

우리는 하기 힘든 일, 들어올리기 힘든 짐을 가졌다. 이 투쟁을 피하지 말라. 대항하라. 그것은 신의 선물이다.

☞ M. 배브코크 〈강하라〉

우리는 고난을 겪음으로써 행복의 소중함을 깨닫는다.

☞ 드라이든 〈복귀한 정의의 여신〉

많은 사람들은 진정한 행복이 무엇으로 이루어지는가에 대해 잘못된 생각을 갖고 있다.
그것은 자기만족을 통해서 획득되는 것이 아니라, 가치 있는 목적을 향한 성실성을 통해 얻어지는 것이다.

☞ H. 켈러 〈헬렌 켈러의 일기〉

모든 노력을 경주하여 해내겠다는 의지를 가진 자가 어떤 목적에서도 승리할 수 있다. ☞ 메난드로스 〈단편집〉

거친 땅 위에서 굳어진 발굽을 가진 짐승은 어떠한 길도 걸을 수 있다. ☞ 세네카 〈루킬리우스에의 서한집〉

불은 금의 시금석(試金石)이요, 역경은 강한 인간의 시금석이다. ☞ 세네카 〈도덕론〉

폭풍이 지나가면 평온이 온다.　　　☞ M. 헨리 〈비평집〉

혹자는 씨도 뿌리지 않고 수확하지만, 혹자는 열심히 일하고
도 얻지 못한다.　　　☞ M. 케이윈 〈성공〉

행복은 활동에 있다. 그것이 자연의 구조다. 행복은 흐르는
개울이지, 고여 있는 웅덩이가 아니다.
　　　☞ J. M. 구드 〈자연의 책〉

큰 일을 목적으로 삼는 자는 고통 또한 크게 당해야 한다.
　　　☞ 〈플루타르코스 영웅전〉

정상에서 빠져나오는 것은 중요하지 않다. 문제는 살아서
빠져나오는 자가 되는 것이다.
　　　☞ B. 브레히트 〈도시의 밀림〉

자기 신뢰가 성공의 제1 비결이다.
　　　☞ 에머슨 〈사회와 고독〉

성공의 비결은 목표를 향해 멈추지 않고 나아가는 것이다.
　　　☞ B. 디즈레일리 〈연설〉

하느님은 짐에 맞는 어깨를 준다.　　　☞ 독일 격언

가시에 찔리지 않고서는 장미꽃을 모을 수 없다.
　　　　　　　　　　　☞ 필페이 〈우화집 : 두 여행자〉

출세하는 방법은 두 가지가 있다. 자기 자신의 근면에 의해서이거나 다른 사람의 어리석음에 의해서이다.
　　　　　　　　　　　☞ 라 브뤼에르 〈인간 백태〉

바보는 때때로 어려운 것을 쉽게 생각해서 실패하고, 현명한 자는 때때로 쉬운 것을 어렵게 생각해서 실패한다.
　　　　　　　　　　　☞ C. 콜린즈 〈경구집〉

"나는 당신들에게 성공의 공식을 말해 줄 수는 없지만, 실패의 공식은 가르쳐 드릴 수는 있습니다. 그것은 바로 모든 사람의 비위를 맞추라는 것입니다."　　☞ H. B. 스워우프

오늘은 어제의 제자이다.　　　☞ T. 풀러 〈금언집〉

어제의 사실은 오늘의 교리(敎理)이다.
　　　　　　　　　　　☞ 주니우스 〈서간집〉

우리의 어제와 오늘은 우리가 쌓아 올리는 벽돌이다.
☞ 롱펠로우 〈건축가〉

그러므로 내일 일을 위하여 염려하지 말라. 내일 일은 내일
염려할 것이요, 한 날 괴로움은 그날에 족하니라.
☞ 〈신약성경 : 마태복음〉

오늘 밤에 할 수 있는 일을 내일로 미루지 말라.
☞ M. 코퍼데일 〈기독교 결혼의식〉

미래는 운명의 손이 아니라, 우리의 손에 달려 있다.
그것을 명심하고, 그것이 진리임을 확신하라.
☞ J. 쥐스랑 〈미국에서 보내는 고별 라디오 대화〉

현재는 모든 과거의 필연적 산물이며, 모든 미래의 필연적
원인이다.
☞ R. G. 잉거솔 〈종교란 무엇인가?〉

과거를 슬프게 들여다보지 말라. 그것은 다시 오지 않는다.
현재를 슬기롭게 이용하라. 그것은 그대의 것이다.
남자다운 기상으로 두려워하지 말고 나아가, 그림자 같은
미래를 맞으라.
☞ 롱펠로우 〈하이페리언〉

지난날 우리에게는 깜박이는 불빛이 있었으며, 오늘날 우리에게는 타오르는 불빛이 있다. 그리고 미래에는 온 땅 위와 바다 위를 비춰주는 불빛이 있을 것이다. ☞처칠

벌거숭이로 땅 위에 내려앉았다가, 벌거숭이로 땅 밑으로 갈 것이다. ☞ 팔라다스 〈그리스 사화집〉

우리의 이름은 조만간 잊혀질 것이고, 우리가 한 일을 아무도 기억하지 않을 것이다.
우리의 인생은 구름의 자취처럼 사라질 것이고, 안개처럼 흐트러질 것이다. ☞〈경외경 : 솔로몬의 지혜〉

아무도 그가 사는 삶 이상의 삶을 잃지 않으며, 그가 잃은 삶 이상을 살지 않는다는 것을 명심하라.
☞ 마르쿠스 아우렐리우스 〈명상록〉

훌륭히 죽기를 원한다면, 훌륭히 살기를 배워라. 살고 죽는 것이 우리가 해야 할 전부다. ☞ B. 디즈레일리 〈엔디미언〉

죽기를 원하지 않는 자는 살기를 원했다고 할 수 없다.
☞ 세네카 〈루킬리우스에의 서한집〉

이별의 시간이 왔다. 우리는 각자 자신의 길을 간다. 나는 죽고, 너는 산다. 어느 것이 더 좋은지는 신만이 안다.

☞ 플라톤 〈소크라테스의 변명〉

가장 오래 산 사람이나 가장 짧게 산 사람이나 죽을 때는 똑같은 것 하나를 잃는다.

☞ 마르쿠스 아우렐리우스 〈명상록〉

죽음이 다가오는 것을 그처럼 두려워하는 것은 생전에 사악한 생활을 했다는 증거이다.   ☞ 셰익스피어 〈헨리 6세 2부〉

영웅적 죽음으로 최후를 장식한 고귀한 일생은, 이 세상에서 가장 강력한 제국이 가진 자존심과 허세와 영광보다도 더 오래간다.   ☞ J. A. 가필드 '하원에서의 연설'

나의 모든 과업을 끝마쳤을 때는 죽음이 즐거운 여행이 될 것이다.   ☞ E. W. 윌콕스 〈여행〉

인생은 본래 영원을 향한 끊임없는 갈망이며, 신을 향한 동경이다. 그러기에 우리의 천성이야말로 가장 고귀한 것이다.

☞ F. 슐레겔

모든 행로는 묘지에서 끝난다. 무덤은 무(無)의 입구이다.
☞ 버나드 쇼 〈신을 찾는 흑인 소녀의 모험〉

바깥사람의 어림 눈으로 보건대, 무덤이란 여섯 자 깊이에 석 자 넓이밖에 되지 않으리라.
그러나 저 신비로운 잠을 위해 싸늘한 흙 속에 굳이 갇혀 있을 때, 그 영역이 얼마나 넓은지를 누가 알며, 그 깊이가 얼마나 깊은지를 누가 알겠는가. ☞ J. R. 모런드 〈무덤〉

예술은 길고, 세월은 덧없다. 우리가 비록 강하고 용기 있을지라도, 우리의 심장은 약음기(弱音器)를 낀 북처럼 언제나 묘지로 향하는 장송 행진곡을 울린다.
☞ H. W. 롱펠로우 〈인생 찬가〉

만나서 알고, 사랑하고, 헤어지는 것이 모든 인간의 슬픔이다.
☞ S. T. 콜리지

인간은 나뭇잎과 같이 대지의 은총으로 과일을 먹고, 반짝반짝 아름답게 번성할 때도 있다. 그러나 어느 순간 변하여 갑자기 덧없이 사멸하는 것이 인간의 생명이다.
☞ 호메로스 〈일리아드〉

내 사랑하는 이여, 내가 죽을 때 나를 위해 슬픈 노래를 부르지 말라. 내 머리맡에 장미도, 그늘지는 삼나무도 심지 말라. 내 위에 소낙비와 이슬방울로 축축한 푸른 잔디를 심어주면 족하다. 그대가 원하면 기억하고, 그대가 원하면 잊으라.

☞ C. 로제티 〈송가〉

인생에 집착할 이유가 없으면 없을수록, 인생은 눌어붙는다.

☞ 에라스무스

우리의 삶에서 모든 고난이 자취를 감추었을 때를 생각해 보라. 참으로 을씨년스럽기 짝이 없지 않겠는가?　☞ 니체

구름 속을 아무리 보아도 그곳에는 인생이 없다.
반듯하게 서서 자기 주위를 보라! 자기가 인정한 것을 우리는 그곳에서 붙들 수 있다. 귀신이 나오든 말든 자신의 길을 가야만 하는 것이 우리의 인생인 것이다.
그렇게 앞으로 나아가는 동안에는 고통도 있으리라! 행복도 있으리라!
우리의 인생은 어떠한 경우라도 완전한 만족이란 없다. 자기가 인정한 것을 힘차게 찾아 헤매는 하루하루가 바로 인생인 것이다.　☞ 괴테

다음 것들을 명심하라. 즉 인생에 있어서, 육욕에서 벗어난 그대의 정신은 참으로 강한 것이 될 것이다. 그리고 그 이상으로 신뢰할 만하여 악에서 벗어나는 길 또한 다시는 없을 것이다. 이런 사실을 모르는 자는 장님이며, 알면서 실행하지 않는 자는 불행한 인간일 뿐이다.

☞ 마르쿠스 아우렐리우스

인생이란 단지 기쁨도 아니고 슬픔도 아니다. 그 두 가지를 종합해 나아가는 과정에서 파악되어야 할 그 무엇이다. 커다란 기쁨은 깊은 슬픔을 불러오고, 깊은 슬픔은 커다란 기쁨을 가져오기도 한다.
자신이 해야 할 일을 발견하고, 자신이 하는 일에 신념을 갖는 자는 행복하다.
물론 사람의 가치는 진리를 척도로 하지만, 그가 갖고 있는 진리보다는 그 진리를 찾기 위해 경험한 고난에 의해 개량되어야 한다.

☞ T. 칼라일

인생은 짧다. 그러므로 우리들은 애태우고 또 착각에 빠진다. 우리들은 이 세상에 사는 짧은 세월 동안 삶의 열매를 따려고 하지만, 사실은 그 열매가 익는 데는 수천 년이 필요하다.

☞ H. 카로사

사람은 열다섯 살쯤에 인생에 대한 많은 것을 생각한다. 그리고 인생의 문제를 거의 남김없이 발견한다. 그 후에는 그것에 익어 점점 그것을 잊어간다.

☞ 샤르도느 〈사랑, 그것은 사랑보다 더욱 풍부하다〉

인생이란 불충분한 전제에서 충분한 결론을 끌어내는 기술이다.

☞ S. 버틀러

나는 절실한 한 가지 소원이 있다. 그것은 내가 살고 있는 이 세상이 조금 더 나아졌다는 것을 확인할 때까지 살고 싶다는 것이다.

☞ 링컨

사는 것이 중요한 문제가 아니고, 바로 사는 것이 중요한 문제다.

☞ 소크라테스

대개는 죽으려고 하기보다는 살려고 하는 편이 훨씬 용기를 필요로 하는 시험이다.

☞ 알페리

인생은 반복된 생활이다. 좋은 일을 반복하면 좋은 인생을, 나쁜 일을 반복하면 불행한 인생을 보내는 것이다.

☞ W. NL. 영안

인생은 하나의 실험이다. 실험이 많아질수록 당신은 더 좋은
사람이 된다.   ☞ 에머슨 〈일기〉

인생은 우주의 영광이요, 또한 우주의 모욕이다.
                                        ☞ B. 파스칼 〈명상록〉

인생의 최고 불행은 인간이면서 인간을 모르는 것이다.
                                        ☞ B. 파스칼 〈명상록〉

인생의 위대한 목표는 지식이 아니라 행동이다.
                                ☞ T. H. 헉슬리 〈속인의 설교집〉

삶은 호흡하는 것이 아니라 행위를 하는 것이다.
                                            ☞ 루소 〈에밀〉

우리의 인생은 우리가 노력한 만큼 가치가 있다.   ☞ 모리악

인생은 한 권의 책과 같다. 어리석은 이는 그것을 마구 넘겨
버리지만, 현명한 인간은 열심히 읽는다.
단 한 번밖에 인생을 읽지 못한다는 것을 알고 있기 때문이다.
                                        ☞ 장 파울(리히터)

남의 삶과 비교하지 말고 네 자신의 삶을 즐겨라.

☞ 콩도르세

인생은 선을 실행하기 위하여 만들어졌다.　　☞ I. 칸트

인생과 사랑

자연에는 상도 벌도 없다. 거기엔 결과만 있을 뿐인다.

☞ R. G. 잉거솔 〈강의와 수필집〉

세상은 장기판이다. 장기 알은 우주의 현상이고, 경기 규칙은 우리가 말하는 자연법칙이다.

저편에서 두는 사람은 우리에게 숨겨져 있다. 그러나 우리는 그의 놀이가 항상 공평하고 정당하고 끈기 있다는 것을 안다. 또한 우리는 그것을 우리의 쓰라린 경험으로 알게 되지만, 그는 실수를 봐주거나 무지(無知)를 참작해 주는 일이 없다.

☞ T. H. 헉슬리 〈속인의 설교집〉

모든 사물은 조물주의 손에서 나올 때는 선하지만, 인간의 손에 들어오면 악해진다.   ☞ 루소 〈에밀 : 교육론〉

모든 것이 너무 빨리 변하여, 요즘 젊은이들에게 적응하는 것은 쉬운 일이 아니다. A에 적응도 하기 전에 B가 C를 이끌고 나타나고, 좀 떨어져서 바로 D가 따라온다.

☞ L. 크로넌버거 〈마차와 딸〉

자연은 중립적이다. 인간은 이 세계를 사막으로 만들거나, 혹은 사막을 꽃피게 하는 능력을 자연에서 캐냈다.
원자 속에는 악이 없으며, 다만 인간들의 정신 속에만 악이 있을 뿐이다.

☞ A. 스티븐슨 '커네티커트 주 하트포드에서의 연설'

세상이 시작된 이래 태양이 그 빛을 비추지 않은 적은 없다. 하지만 우리는 태양의 모습을 보지 못하면 자주 그의 변덕을 불평한다.
그러나 진실로 비난 받아야 할 것은 구름이지 태양이 아니다. 구름 뒤에서 늘 비치고 있으니까……

☞ J. 옥스넘 〈신의 햇빛〉

우리가 자연의 문을 아무리 세게 두드려도, 자연은 우리에게 알아들을 수 있는 말로 대답해 주지는 않을 것이다.

☞ I. 투르게네프 〈그 전날 밤〉

자연은 신의 예술이다.   ☞ 단테 〈군주 제도〉

자연의 시(詩)는 결코 죽지 않고, 자연의 시는 결코 중단 되지 않는다.   ☞ J. 키츠 〈메뚜기와 귀뚜라미에 대하여〉

시대는 변하고, 우리는 시대와 더불어 변한다.   ☞ 로테어 1세, 오윈 〈경구집〉

생명은 정지된 것이 아니다. 수용소에 있는 무능력자와 공동묘지에 있는 자들만이 자기네의 마음을 바꾸지 않는 유일한 사람들이다.   ☞ E. M. 더크슨 '기자 회견'에서

이 시대는 새로운 문제를 해결하고 새로운 기회에 대처하기 위하여, 지도력 있는 새 세대를 요구한다. 이룩해야 할 새 시대가 있기 때문이다.   ☞ J. F. 케네디 '텔레비전 연설'

한 시대의 이교도는 다음 시대의 성자이다. 낡은 것의 파괴자는 새 것의 창조자이다.   ☞ R. G. 잉거술 〈위대한 이교도〉

우리들이 오늘날 거짓이라고 배척하는 것 중에도, 먼 옛날에는 진리였던 것이 있다.   ☞ J. G. 휘티어 〈보스턴의 칼래프〉

각 시대는 그 시대의 즐거움과, 그 시대 특유의 스타일과, 그 시대의 독특한 풍습을 갖고 있다.

☞ N. 브왈로 데프로 〈시(詩) 작법〉

새로운 구제책을 쓰지 않는 자는 새로운 재앙이 올 것을 각오해야 한다. 시간이야말로 위대한 혁신자이기 때문이다.

☞ F. 베이컨 〈수필집〉

가야 할 곳이 확실히 정해져 있는 않은데도, 떠나야 할 때가 있다.

☞ T. 윌리엄즈 〈카미노 리얼〉

새로운 기회는 새로운 의무를 가르쳐 주고, 시간은 고대의 선(善)을 황량한 것으로 만든다.
진리에 뒤떨어지지 않으려는 자는 끊임없이 위로, 그리고 앞으로 나아가야 한다.

☞ J. R. 로우얼 〈현대의 위기〉

우리 모두의 소유인 자연의 재산과 아름다움을 우리보다 앞서간 사람들이 우리에게 물려준 그대로, 조금도 손상시킴 없이, 우리 뒤에 오는 사람들에게 물려줘야 하는 것이 우리 시대와 우리 세대에 주어진 우리들의 임무이다.

☞ J. F. 케네디 '국립 야생동물연맹 건물 헌납 기념사'

한 시대의 철학은 다음 시대의 불합리가 되었으며, 어제의
어리석음은 내일의 지혜가 되었다.

☞ W. 오슬러 경 〈몬트리올 의학 잡지〉

새로운 요리는 새로운 식욕을 낳는다.　　☞ T. 풀러 〈금언집〉

비옥한 땅도 갈지 않으면 무성한 잡초를 길러낸다.

☞ 〈플루타르코스 영웅전〉

계절 중 가장 잔인하고 아름다운 봄이 다시 돌아오듯, 꽃과
잎 속에서 낯선 사람과 잊었던 사람들이 다시 돌아올 것이다.
그러나 죽음과 시체는 결코 다시 오지 못할 것이다. 왜냐하
면 죽음과 시체는 무감각한 것이기 때문이다.

☞ T. 울프 〈천사여, 고향을 보라〉

겨울은 영원히 계속되지 않으며, 봄은 자기 차례를 건너뛰지
않는다. 4월은 5월이 지켜야 하는 약속이란 것을 우리는 알
고 있다.　　　　　　　　　　☞ H. 볼런드 〈계절의 해시계〉

바다를 지배하는 자가 모든 것을 지배한다.

☞ 키케로 〈앗티구스로부터의 서한집〉

4월은 가장 잔인한 달, 죽은 땅에서 라일락을 싹트게 하며, 추억과 욕망을 뒤섞고, 무기력한 뿌리를 봄비로 약동시킨다.

☞ T. S. 엘리어트 〈황무지〉

도시는 얼굴을 갖고, 시골은 영혼을 갖는다.

☞ J. D. 라크르텔 〈모자 속의 사상〉

시간은 가장 위대한 개혁자이다. ☞ F. 베이컨 〈수필집〉

세월은 흘러가는 사건들의 강이다. 그 물결은 거세다. 한 가지 일이 눈에 띄자마자 그것은 곧 떠내려가고, 다른 것이 그 자리를 차지한다. 머지않아 이것 또한 떠내려갈 것이다.

☞ 마르쿠스 아우렐리우스 〈명상록〉

시간의 흐름은 매끄럽게 미끄러져서, 우리가 알기도 전에 지나가 버린다. ☞ 오비디우스 〈연애 시집〉

시간을 낭비하지 말라. 이것저것 논의하다 헛수고로 보내지 말라. 아무것도 아닌 것을 추구하다 허망해 하거나 쓴 과일로 슬퍼하기보다는 주렁주렁한 포도송이를 가지고 즐기는 것이 낫다. ☞ E. 피츠제럴드 〈오마르 하이얌〉

우리 삶에서 가장 큰 손실은 시간의 손실이다.
☞ 〈플루타르코스 영웅전〉

시간의 가치는 모든 사람의 입 속에 있으나, 실천하는 사람은 별로 없다.
☞ 체스터필드 경 〈서간집〉

자기의 시간을 잘못 이용하는 사람이 대개는 시간의 짧음을 불평한다.
☞ 라 브뤼에르 〈인간 백태〉

나는 결코 시간에 얽매이지 않는다. 시간이 사람을 위해 있는 것이지, 사람이 시간을 위해 존재하는 것이 아니기 때문이다.
☞ 라블레 〈전집〉

평범한 사람들은 단지 '어떻게 시간을 소비할까' 하고 생각하지만, 지성인은 그 시간을 '어떻게 사용할까' 하고 노력한다.
☞ 쇼펜하우어 〈인생의 지혜에 관한 금언집〉

귀하(貴下)여, 가라, 달려라! 그리고 세계가 엿새 동안에 만들어졌음을 잊지 말라. 그대는 그대가 원하는 것은 무엇이든 나에게 청구할 수 있으나, 시간만은 안 된다.
☞ 존스튼 〈코르시카 인〉

현명한 자는 허송세월을 가장 슬퍼한다.

☞ 단테 〈신곡 : 연옥편〉

1분 늦는 것보다 세 시간 빠른 것이 낫다.

☞ 셰익스피어 〈윈저 궁(宮)의 바람둥이 아낙네들〉

형제여, 기다리는 시간은 모든 것 중에서 가장 힘든 시간이다.

☞ S. 듀드니 〈인생의 찬가〉

시간에는 현재가 없고, 영원에는 미래가 없으며, 영원에는
과거가 없다.　　　　　　　　　☞ 테니슨 〈어떻게 그리고 왜〉

진실을 말하는 데는 두 사람이 필요하다. 한 사람은 말하는
사람이요, 또 한 사람은 듣는 사람이다.

☞ H. D. 도로우 〈콩코드와 매리맥 강에서의 한 주일 : 수요일〉

진리는 정의의 시녀요, 자유는 그 자식이고, 평화는 그 반려
(伴侶)다.
안전은 그 걸음으로 걷고, 승리는 그 행렬을 따라간다.
진리는 복음(福音)의 찬란한 발산이요, 하느님의 속성(屬性)
이다.　　　　　　　　　☞ S. 미스드 〈홀런드 여사 회상록〉

새날은 영원으로부터 밝아오고, 밤은 영원을 향해 돌아간다.

☞ T. 칼라일 〈오늘〉

진리는 인간이 지닐 수 있는 최고의 가치이다.

☞ G. 초서 〈캔터베리 이야기〉

진리는 충분히 익었을 때에 따야 하는 열매다.

☞ 볼테르 '드 바르스위츠 백작 부인에의 편지'

진리와 기름은 모든 것 위에 있다.　　☞ G. 허버드 〈명궁〉

개개인은 죽을지라도 진리는 영원하다.　☞ J. 제럴드 〈연설〉

진실은 일반적으로 중상모략에 대한 가장 훌륭한 변호이다.

☞ A. 링컨

진실의 가장 큰 벗은 세월이고, 가장 큰 적은 편견이며, 변함
없는 친구는 겸손이다.　　　　☞ C. C. 콜튼 〈라콘〉

진실한 사람의 가슴은 언제나 평온하다.

☞ 셰익스피어 〈리처드 2세〉

진실에 저항하는 거짓은 힘이 없다.

☞ J. 리드게이트 〈테베스 이야기〉

바보들에게 진실은 쓰고 비위에 거슬리지만, 거짓은 달콤하고 유쾌하다. ☞ 성(聖) 크리소스톰 〈금언집〉

진정한 영광은 뿌리를 깊게 박고 가지를 널리 펼친다. 그러나 모든 허위는 덧없는 꽃처럼 이내 땅에 떨어진다. 가짜란 영속할 수 없기 때문이다. ☞ 키케로 〈의무론〉

의지를 행사할 수 있는 자에게는 불가능한 것이 없다.

☞ 에머슨 〈수필집〉

무슨 일이든 끝나버리기 전에는 불가능하다고 생각하지 말라.

☞ 키케로 〈투스쿨라나루스 논총〉

일이 불가능하다고 믿는 것이야말로 일을 불가능하게 하는 길이다. ☞ T. 풀러 〈금언집〉

겁쟁이와 망설이는 자는 모든 것을 불가능하게 보기 때문에 실제로도 불가능한 것이다. ☞ 스코트 〈로브 로이〉

'그것은 불가능하다'고 너는 나에게 써 보냈지?
그 말은 프랑스 어가 아니다.

☞ 나폴레옹 〈르마르와 장군에게 보낸 편지〉

불가능이란 낱말은 행운의 단어가 아니다. 이 말을 자주 입
밖에 내는 자들한테서는 바람직한 결과가 생기지 않기 때문
이다.

☞ T. 칼라일 〈프랑스 혁명〉

차라리 자신 없는 가능성보다는 불가능한 것같이 보이는
것이 더 나을 수 있다.

☞ 아리스토텔레스 〈시학〉

할 수 있다고 생각하기 때문에 할 수 있는 것이다.

☞ 베르질리우스 〈아예네이스〉

영양이 풍부한 음식은 시장한 사람에게는 유익하지만, 배부
른 자에게는 부담이 된다.

☞ 세네카 〈루킬리우스에의 서한집〉

로마에 있을 때는 로마식으로 살고, 다른 곳에 있을 때는
그곳 사람들 식으로 살라.

☞ 성 암브로시우스 〈성 아우구스티누스에의 충고〉

나는 무(無)에서 태어났으니, 불원간 다시 시초의 무(無)로
돌아가리라.　　　　　　　　　　　☞ 미상 〈그리스 사화집〉

어떤 사람에게는 설익고 쓴 것이 다른 사람에게는 특별히
달게 생각될 수도 있다.　　　　☞ 루크레티우스 〈사물의 본성〉

인간이 살고 있는 이 세상은 그가 보는 시각에 따라 모양이
달리 보인다.　　　　　☞ 쇼펜하우어 〈의지와 표상으로서의 세계〉

교수형을 받는 자의 집에서는 밧줄 이야기를 하지 말아야
한다.　　　　　　　　　　　　　☞ 세르반테스 〈돈키호테〉

종교는 여러 색깔을 칠한 등(燈) 안에 있는 촛불이다.
모든 사람은 자신의 느낌으로 그 색깔을 보지만, 촛불은 언
제나 그 자리에 있다.　　　☞ M. 나기브 〈뉴스 서머리스〉에서

종교는 문화의 실체이며, 문화는 종교의 형태이다.
　　　　　　　　　　　　☞ P. 틸리히 〈타임〉지(誌)에서

인간은 절대자를 믿도록 태어났다. 나무가 과일을 맺듯이
인간은 믿음을 지닌다.　　　　☞ 에머슨 〈처세론 : 숭배〉

종교는 우리가 생물학적 · 심리학적 필요의 결과로서, 우리 내부에서 발달시킨 소망의 세계를 이용하여 우리가 위치하고 있는 감각의 세계를 다스리려는 시도이다.

☞ S. 프로이드 〈정신분석 입문 강의〉

종교는 영혼의 지배력이다. 그것은 생(生)의 희망이요, 안전의 닻이며, 영혼의 구조이다.

☞ 나폴레옹, 오머러 〈유배 중의 나폴레옹〉

사람은 빵만으로 살지 않고, 신앙과 찬양과 동정으로 산다.

☞ 에머슨 〈강의와 전기 연구〉

신을 믿는 마음은 권위나 관습이나 법률로 이루어진 것이 아니라, 한결같이 일치한 인류의 의견에서 생겨난 것이다.

☞ 키케로 〈신의 본성〉

강한 믿음은 강한 사람을 만들고, 강자를 보다 강하게 만든다.

☞ W. 배저트 〈물리학과 정치학〉

절대적이고 완전한 믿음은 그 사람을 공포에서 벗어나게 한다.

☞ G. 맥도널드 〈기비 경〉

신앙을 가진 자에게는 죽음도, 그 자신의 죽음인 한에서는 어떤 종류의 두려움도 갖지 않게 된다.

☞ H. G. 웰즈 〈시초와 마지막〉

어떠한 쇠사슬이나 어떠한 외부의 힘도, 무엇을 믿게 하거나 믿지 않게 하도록 강제할 수는 없었다.

☞ T. 칼라일 〈영웅과 영웅 숭배〉

과오보다는 무지(無知)가 낫다. 그릇된 것을 믿는 자보다는 아무것도 믿지 않는 자가 진리에 가깝다.

☞ T. 제퍼슨 〈작품집〉

신앙이 산을 움직이지 않으면, 불신은 자기 실존을 부인하기도 한다. 신앙은 그런 무력에는 무기력하기 때문이다.

☞ A. 쇤베르크, A. 베버른 〈현악 4중주단의 6개 소지품〉의 서문

의심을 갖는 사람은 좀처럼 실수하지 않는다.

☞ W. G. 베넘 〈격언집〉

의심하는 것이 확신하는 것보다 더 안전하다.

☞ P. 메신저 〈틀림없는 여자〉

무엇이든 당연한 것으로 생각하지 말라.
☞ B. 디즈레일리 '1864. 10. 5. 연설'

자기가 잘못했다고 고백하는 것을 부끄러워해서는 안 된다. 다시 말하면, 그것은 오늘의 자기는 어제의 자기보다 더 현명하다는 것을 말하는 것이나 다를 바 없으니 말이다.
☞ A. 포우프 〈다제다상(多題多想)〉

대개 정직하지 못한 사람들은 자기의 잘못을 남들과 자기 자신에게 감춘다.
그에 비해 진실한 사람들은 자기의 잘못을 완전히 깨닫고, 그것을 고백한다.
☞ 라 로시푸코 〈격언집〉

박애심은 인간들에 의해 충분히 인정받는, 거의 하나밖에 없는 덕성이다.
☞ H. D. 도로우 〈월든 숲속의 생활〉

참다운 자선이란, 보답에 대한 생각 없이 타인에게 유용함을 주려는 욕망이다.
☞ 스베덴보리 〈천계의 신비〉

우리의 삶에서 멀리 가면 갈수록 그만큼 진리에 접근하게 된다.
☞ 소크라테스

자비심은 인간에게는 즐거움을 주고, 신으로부터는 찬양을
받는 진정 고상하고 아름다운 미덕이다.
그러나 자선은 정의에서 비롯되는 것일 뿐, 정의를 대신할
수는 없다. ☞ H. 조지 〈근로의 조건〉

진리는 절개를 굽힐 줄 모르는 사람을 폭력으로부터 멀어지
게 하고, 그 고독 속에서 그의 마음을 위로한다.
☞ F. 라블레

불과 사람은 이런 점에서 일치한다. 즉 그들은 다 같이 선(善)
한 종이기도 하고, 다 같이 악(惡)한 주인이기도 하다.
☞ F. 그레빌 〈명성 조사〉

우리가 자연을 기술(記述)하는 목적은 현상들의 참다운 본
질을 폭로하려는 것이 아니라, 우리가 경험한 여러 국면들
사이의 관계들을 가능한 한 추억하려는 것뿐이다.
☞ N. 보어 〈원자 이론과 자연의 기술〉

우리는 우리가 가진 옷감에 맞추어 외투를 지어야 하며, 변
화하는 환경에 자신을 적응시켜야 한다.
☞ W. R. 잉 사제 〈속인의 사상〉

너는 책에서보다도 숲에서 더 많은 것을 발견할 수 있을 것이다. 숲 속의 나무들과 풀들은 네가 학교에서는 결코 배울 수 없는 것들을 너에게 가르쳐 줄 것이다.

☞ 성(聖) 베르나르 〈서간집〉

태양은 더러운 곳을 뚫고 지나가도, 그 자신은 이전처럼 순수한 채로 남는다.

☞ F. 베이컨 〈학문의 진보〉

자연은 모든 종류의 생물에게 자기 보존의 본능을 부여했다.

☞ 키케로 〈의무론〉

영원한 변화 이외에는 세상에서 아무것도 계속되지 않는다.

☞ 라캉 후작 〈애송 시집〉

인생의 즐거움은 변화이다. 다할 수 없이 다정한 사람과의 관계도 간혹 이별에 의해 다시 새롭게 할 필요가 있다.

☞ S. 존슨 〈아이들러〉지(誌)

새로운 견해는 이미 보편화되어 있는 견해가 아니라는 단 한 가지의 이유 때문에 언제나 의심받고 적대시된다.

☞ J. 로크 〈인간 오성론〉

옛것이 반드시 진실의 증거가 되는 것은 아니다.

☞ J. 레이 〈영국 격언집〉

가을은 말없이 사라지기 때문에 너로 하여금 더욱 연민을 느끼게 한다. ☞ R. 브라우닝 〈파라셀수스〉

모든 것은 땅에서 생기고, 땅은 모든 것을 도로 찾아간다.

☞ 에우리피데스 〈안티오페〉

나무를 심는 자는 자기보다 타인을 사랑한다.

☞ T. 풀러 〈금언집〉

인간은 환경의 창조물이 아니다. 환경이 인간의 창조물이다.

☞ B. 디즈레일리 〈비비안 그레이〉

밤은 우리의 고민을 쫓아내기는커녕 오히려 분명하게 만든다.

☞ 세네카 〈루킬리우스에의 서한집〉

한 권의 책만 읽는 사람을 조심하라.   ☞ 토머스 아퀴나스

바보의 천국은 현명한 사람의 지옥.   ☞ T. 풀러 〈성지(聖地)〉

밤을 단축하여, 밤의 일부를 낮일을 위해 쓰라.
☞ 세네카 〈루킬리우스에의 서한집〉

시간은 우리가 갖고 있는 것 중 가장 적은 것이다.
☞ E. 헤밍웨이 〈뉴요커〉지(誌)에서

조반 전의 한 시간은 그날 남는 시간의 전부보다 두 배의
가치가 있다.
☞ W. 호운 〈매일의 책〉

시간을 탓하는 것은 자신을 변명하는 것에 불과하다.
☞ T. 풀러 〈금언집〉

하루하루를 마지막이라고 생각하라.
그러면 예측할 수 없는 시간은 그대에게 더 많은 시간을
줄 것이다.
☞ 호레스

진실과 자유는 항상 정직한 사람들의 주 무기가 될 것이다.
☞ 스탈 부인 '모로 장군에게 보낸 편지'

진실을 말할 때 겸손한 것은 위선이다.
☞ K. 기브런 〈사색과 명상〉

우리에게 있어 확실한 것은 과거밖에 없다.

☞ 세네카 〈마르키아누스의 위안〉

시간이 모든 것을 말해준다.
시간은 묻지 않았는데도 말을 해주는 수다쟁이다.

☞ 에우리피데스

단 한 가지 확실한 것은, 아무것도 확실하지 않다는 것이다.

☞ S. 플리니우스 〈자연사〉

내가 어찌할 수 없는 것은 걱정해도 소용없다.

☞ 보먼트와 플래처 〈이중 결혼〉

아무것도 없는 것보다는 조금이라도 가지고 있는 것이 낫다.

☞ 푸블리우스 시루스 〈금언집〉

가난한 사람을 동정해 주는 사람은 가난한 사람뿐이다.

☞ L. E. 랜든 〈가난한 사람들〉

힘든 일은 외모를 거칠게 할 수 있고, 가난은 눈의 맑은 광채
를 흐릴 수 있다. ☞ W. 스코트 〈마이온〉

사랑은 고결한 마음을 이어주는 수문(水門)이요, 신앙은 사랑의 샘을 닫는 마개이다.　　　　　　☞ R. 그린 〈알시다〉

사랑은 두 사람이 마주 쳐다보는 것이 아니라 함께 같은 곳을 향하는 것이다.　　　　　　☞ 쌩 떽쥐베리

이해하기 위해선 서로 닮지 않으면 안 된다.
그러나 사랑하기 위해서는 약간은 다르지 않으면 안 된다.
　　　　　　☞ 제랄디

사랑이란 우리들을 행복하게 하기 위해서만 존재하는 것이 아니라, 우리들이 고뇌와 인내 속에서 얼마만큼 강할 수 있는가 하는 것을 스스로에게 보이기 위해서 존재하는 것이다.
　　　　　　☞ 헤르만 헤세

결혼은 여섯 가지 요소로 이루어져 있다고 한다. 하나는 '애정'이고 나머지 다섯 가지 전부가 '믿음'이라고 한다.
또 결혼은 처음 3주일간은 서로 관찰하고, 다음 3개월간은 서로 미치도록 사랑하며, 그 다음 3년간은 서로 싸우면서 지내고, 나머지 30년간은 서로 용서하면서 보낸다고 한다.
　　　　　　☞ 〈탈무드〉

결혼 전에는 두 눈을 커다랗게 뜨고 보라. 결혼 후에는 한쪽 눈을 감으라.   ☞ 토마스 풀러

사랑은 일에 굴복한다. 만일 사랑으로부터 빠져나오길 원한다면 바쁘게 되라.   ☞ 오비디우스 〈사랑의 기술〉

질투는 천 개의 눈을 가지고 있다.   ☞ 〈탈무드〉

약간 아는 것보다 사람을 더 의심하도록 만드는 것은 없다.   ☞ F. 베이컨 〈수필집 : 의혹〉

인간의 가장 가치 있는 특징은 믿지 않아야 할 것에 대한 분별 있는 감각이다.   ☞ 에우리피데스 〈헬레나〉

재물의 부족은 채울 수 있지만, 영혼의 빈곤은 회복할 수 없다.   ☞ 라볼레 〈전집(全集)〉

인간의 성품과 마음공부

남자들은 자신이 믿고 싶은 것이면 쉽게 믿어 버린다.
☞ G. J. 카이사르 〈갈리아 전기〉

남자가 20대에 잘나지도, 30대에 건장하지도, 또 40대에 치부하지도, 50대에 현명하지도 못하다면, 그는 결코 잘난 용모도, 건강도, 재산도, 지혜도 가져 볼 수 없다.
☞ G. 허버트 〈명궁〉

멋을 부리는 남자는 대개 추잡한 생각을 가진 남자이다.
☞ J. 스위프트 〈다제다상〉

남자가 여자보다 웅변에는 더 능하지만, 설득력은 여자가 남자보다 더 강하다.
☞ T. 랜돌프 〈아민타스 : 서장〉

남자가 죽을 때 움직이는 최후의 것은 마음이고, 여자에 있어서는 혀이다.　　　　　　☞ G. 채프먼 〈마부의 눈물〉

남자는 여자가 있기 때문에 고결하고, 여자는 필요에 따라 정숙하다.　　　　☞ E. W. 하우 '비그즈 씨로부터 온 편지'

남자에게는 남자 나름의 의지가 있으나, 여자는 여자 나름의 방식이 있다.　　☞ O. W. 홈즈 〈아침 식탁의 독재자 : 서장〉

남자의 으뜸가는 기쁨은 여자의 자존심을 만족시키는 것이지만, 여자의 으뜸가는 기쁨은 남자의 자존심을 해치는 것이다.
　　　　　　　　　☞ 버나드 쇼 〈비사회적 사회주의자〉

남자는 일하고 생각하지만, 여자는 느낀다.
　　　　　　　　　　☞ C. 로세티 〈침거하는 자매〉

남자들에게 중한 것은 오직 마음뿐이다. 얼굴이야 어떠하든, 무슨 옷을 입었건 누가 상관하는가!
그러나 여인은 육체가 전부이니 오, 내 사랑 머물러 떠나지 마오! 다만 옛 성인의 말씀을 잊지 마오, 잊혀진 여인은 죽은 여인이라는 것을.　　　　☞ A. 비어스 〈악마의 사전〉

남자는 법률을 만들고, 여자는 예절을 만든다. ☞ 기베르

남자는 이성을 통틀어도 여자의 감성 하나만 못하다.
☞ 볼테르 〈잠언집〉

길에서 갑자기 변을 당했을 때, 남자는 지갑을 들여다보지만
여자는 거울을 들여다본다. ☞ M. 턴블 〈좌익계 부인〉

남자는 의견에 도전하는 법을 알아야 하며, 여자는 의견에
순종하는 법을 알아야 한다. ☞ 스탈 부인 〈델핀〉

남자는 자기가 느끼는 만큼 늙고, 여자는 자기가 보는 만큼
늙는 것이다. ☞ M. 콜린즈 〈미지의 분량〉

여자는 자기 운명을 받아들이지만, 남자는 자기 운명을 만들
어 간다. ☞ E. 가브리오 〈타인의 돈〉

내가 여자를 안다고 말할 땐 여자를 모른다는 것을 안다는
뜻이다. 내가 아는 모든 독신 여인은 내게는 모두 수수께끼
이다. 틀림없이 그 여자도 자신에게 수수께끼일 것이다.
☞ 대커리 〈브라운 씨의 편지〉

여자에게 구애하지 못하는 남자는 자기에게 구애해 오는 여자의 제물이 되기 쉽다.　☞ W. 배저트 〈자전적 연구〉

여인이 없다면 우리 인생의 초기에는 협력자를, 중기에는 기쁨의 일부를, 종말에는 위안을 빼앗기게 된다.
☞ 드 즈위 〈잠언집〉

아름다운 여인은 야성적 배우자를 길들이고, 그녀가 만나는 모두에게 상냥한 마음과 소망과 웅변을 심어주는 실제적인 시인이다.　☞ 에머슨 〈처세론〉

칭찬이든, 비난이든, 남자들 사이에서 가장 적게 화제의 대상이 되는 여인이야말로 영광스런 삶을 사는 것이다.
☞ 투키디데스 〈펠로폰네스 전쟁사〉

약한 자여! 그대의 이름은 여자이다.　☞ 셰익스피어 〈햄릿〉

여인은 바람 속의 깃털에 지나지 않는다.
☞ V. 위고 〈왕은 즐긴다〉

여인은 지옥의 문이다.　☞ 성(聖) 제롬

유리와 처녀는 항상 위험하다.

☞ P. 모르리지아노 〈피앗자 대학〉

여자의 사양 중 하나는 허락이라고 봐도 무방하다.

☞ V. 위고 〈레미제라블〉

여자는 정복하기 좋아할 뿐 아니라, 정복당하기도 좋아한다.

☞ W. M. 대커리 〈버지니아 사람들〉

착한 여인은 숨겨진 보물이다. 그런 여인을 발견한 사람은
자랑하지 않는 게 좋을 것이다.

☞ 차 로시푸코 〈사후 출판 금언집〉

모든 여자는 자기 어머니처럼 된다. 그것이 그들의 비극이
다. 남자는 그렇지 않다. 그것이 남자의 비극이다.

☞ 오스카 와일드 〈진지함의 중요성〉

요부와 창부는 다투어 성장한다. 그렇지 않으면 요부가 창부
보다 인기를 끌든가 혹은 창부가 요부보다 인기를 끌기 때문
이다. 그러나 그 결과는 파멸이 될 것이다.

☞ T. 윌리엄즈 〈우유 열차는 여기에 서지 않는다〉

모든 여인이 악이라 할지라도 아직은 필요악이다.

☞ B. 멜방크 〈해방된 노예〉

여자는 열 살 때는 천사요, 열다섯 살 때에는 성인(聖人)이고, 마흔 살 때에는 악마이며, 여든 살 때는 마녀이다.

☞ 미상 〈여성 증오자〉

여자는 교회에서는 성인(聖人)이요, 밖에서는 천사이고, 집에서는 악마다.

☞ G. 월킨즈 〈강제 결혼의 비극〉

여자는 자기를 사랑해 주는 남자가 바라는 것이면 무엇이든 될 수 있다.

☞ J. M. 바리 〈토미와 그리젤〉

아름다움을 지니지 못한 여성은 인생의 반밖에 모르는 것이다.

☞ 몽타란 부인

여인의 가슴속에 지니고 있는 사랑은, 손님에 지나지 않는다.

☞ H. 워튼 경 〈여인의 마음〉

처녀들은 자기 앞에서 뽐내는 남자들에게는 결코 허리를 굽히지 않는다.

☞ 휘티어 〈에어미 웬트워드〉

여자보다 더 이기기 힘든 동물은 없다. 불도 그렇지 않고, 어떠한 살쾡이도 그렇게 무자비하지는 않다.

☞ 아리스토파네스 〈리시스 전〉

여자는 불꽃처럼 스스로 사그라질 때까지는 결코 꺼지지 않는, 파괴하는 힘을 지니고 있다.

☞ W. 콘그리브 〈더블 딜러〉

여자와 함께 할 일은 세 가지뿐이다. 여자를 사랑하고, 여자 때문에 고통 받고, 여자를 문학으로 바꾸는 것이다.

☞ L. 더럴 〈저스틴〉

여인은 사랑하거나 증오할 때 무슨 짓이든 감행한다.

☞ 성(聖) 제롬 〈서간집 : 발레리우스가 루피누스에게〉

숙녀의 상상력은 놀라울 정도로 빨라서, 한 순간에 존경에서 사랑으로 비약하고, 사랑에서 결혼으로 비약한다.

☞ J. 오스텐 〈자부와 편견〉

기쁨을 원하는 여자는 겸손해야 하고, 사랑을 원하는 여자는 고통 받아야 한다. ☞ M. 프라이어 〈질투심 많은 클로우〉

여성의 길잡이는 이성이 아니라 변덕이다.

☞ J. 그랜빌 〈예견〉

여자들은 아무도 일러주지 않은, 또 일러줄 필요가 없는 것들을 참으로 많이 알고 있다.

☞ R. M. 몽고메리 〈율리시스의 귀환〉

여인의 버릇은 꾸짖어서 고칠 수 있는 것이 아니다. 면박받은 여인은 결코 수긍하는 일이 없기 때문이다.

☞ C. 콜린즈 〈경구집〉

세상에 열 마디의 말을 털어 놓는다면 아홉 마디는 여자의 것이요, 한 마디가 남자의 것이다.   ☞ 〈바빌로니아 율법서〉

우리는 여자들이 말하도록 만드는 약은 알고 있지만, 그들을 침묵케 하는 것이 무엇인지는 아무도 모른다.

☞ A. 프랑스 〈벙어리 아내와 결혼한 남자〉

여인들은 죽고 나면 마음대로 할 수 없다고 생각하기 때문에, 살아 있는 동안 하고 싶은 대로 다 하려고 한다.

☞ J. 매닝햄 〈일기〉

여인들이여, 생각한 것을 결코 말하지 말라. 당신의 말은 당신의 생각과 다를 것이고, 당신의 행동은 틀림없이 당신의 말과 어긋날 것이다. ☞ W. 콘그리브 〈사랑을 위한 사랑〉

기쁨과 여인은 친구가 될 수 없으나, 수심과 여인은 친구가 될 수 있다. ☞ J. 레이 〈영국 격언집〉

죽음보다 강한 것은 이성이 아니라 사랑이다.
☞ T. 만 〈마의 산〉

맷돌과 여자는 항상 무엇인가를 원한다.
☞ M. 구앗조 〈예의바른 대화〉

사물을 있는 상태와 가장 다르게 보는 것이 사랑이다.
사랑에 빠지면 모든 것을 달콤하게 느끼면서 환상적으로 보기 마련이다.
사랑의 힘은 매우 강렬하여 , 다른 때보다 더 잘 참고 만사에 순응하게 만든다. ☞ 니체 〈그리스도의 적〉

사랑은 자기 자신을 존재하게 하는 힘이다. 그것은 그 자체의 가치이다. ☞ T. 와일더 〈타임〉誌에서 여자는 돈과 남자를 필요로 한다. 그러나 돈이 없는 남자보다는, 남자가 없더라도 돈이 있는 상태를 더 선호한다.

☞ 〈그리스의 격언〉

사랑은 병영과 법정과 숲을 지배한다. ─ 사랑은 천국이고, 천국이 곧 사랑이기 때문이다.　　　☞ 바이런 〈돈 주앙〉

사랑은 무기 없이도 그 왕국을 지배한다.

☞ G. 허버트 〈명궁〉

사랑이 있는 곳에는 부족함이 없다.

☞ R. 브룸 〈명랑한 승무원〉

사랑! 그것은 두 마음이 하나가 되게 하며, 또 하나의 뜻이 되게 한다.　　　　　　　☞ H. 스펜서 〈요정 여왕〉

사랑에 미치면 누구나 장님이 된다.

☞ 프로페르티우스 〈만가〉

사랑하는 여인이 하는 일은 모두 옳다고 여겨진다.

☞ 뮈세 〈목가〉

사람은 사랑 없이는 강해질 수 없다. 사랑은 부적절한 감정이 아니기 때문이다. 그것은 인생의 피요, 분리된 것을 재결합시키는 힘이다.　　　　　☞ P. 틸리히 〈영원한 지금〉

사랑의 관계가 최고조에 달할 때는 주위 환경의 어느 것에도 관심 둘 이유가 없다. 한 쌍의 여인은 그들만으로 족하기 때문이다.　　　　　☞ 프로이드 〈문명과 문명의 불만〉

사랑스러운 사람의 입에서 나는 양파 냄새가, 보기 흉한 사람의 손에 있는 장미 냄새보다 더 향기롭다.

☞ 사디 〈장미 정원 : 늙은 남편의 추한 모습〉

우리는 3주간 동안 자신들에 관해 공부하고, 3개월간 서로 사랑하며, 3년간을 싸우고, 30년간 서로 관대하게 봐준다. 그러면 자녀들이 다시 시작한다.

☞ H. 테인 〈토마 그랭고르지의 지혜와 의견〉

그대가 없다면……. 나는 깊은 밤, 달도 없는 바다를 표류하는 일엽편주요, 줄 끊어진 로프요, 한쪽 날개만 가진, 그나마도 불완전하여 날 수 없는 상처 입은 작은 새와도 같으리.

☞ T. 무어 〈천사의 사랑〉

젊은 남자의 노예가 되기보다는 늙은 남자의 애인이 되는 편이 낫다.
☞ J. R. 플랑세 〈괴짜〉

사랑하는 사람끼리 결혼하는 것은, 누가 먼저 사랑을 끝낼 것인가에 대해 두 사람이 내기를 하는 것이다.
☞ A. 카뮈 〈비방록과 명상록〉

추녀와 결혼하면, 그대는 불만에 차 있을 것이다. 하지만 미인과 결혼하면, 그대는 그녀를 간수하지 못하리라.
☞ 디오게네스 라에르티우스 〈비온 전〉

돈은 있으나 불성실한 자보다는, 돈은 없지만 성실한 자를 나는 택한다.
☞ 키케로 〈의무론〉

부유한 여자와 결혼한 가난한 남자는, 아내를 얻은 것이 아니라 지배자를 얻은 것과 마찬가지다.
☞ 스토바에우스 〈적화〉

아름다운 아내를 얻고 싶으면, 일요일에 여자를 고르지 말고 토요일에 고르도록 하라. 그날은 그녀가 아름다운 옷을 입고 있을 테니 말이다.
☞ J. 하우얼 〈격언집〉

아내의 지참금을 받는 자는 그 값에 자기 자신을 파는 것과 마찬가지다. ☞ 에우리피데스 〈포에톤〉

아내로 인해 부자가 되는 것보다는 가난뱅이가 되는 것이 천 배는 더 낫다. ☞ 성 J. 크리소스톰 〈그렇고 그런 결혼〉

당신의 아들은 당신이 소망할 때, 당신의 딸은 당신이 가능할 때 결혼시켜라. ☞ G. 허버트 〈명궁〉

구애할 때는 꿈을 꾸지만, 결혼하면 잠을 깬다. ☞ 포우프 〈바드 지방의 아낙네〉

훌륭한 남편은 훌륭한 아내를 만든다. ☞ R. 버튼 〈우울의 해부〉

조용한 남편은 아내를 사납게 만든다. 남편이 조용하면 아내는 절로 사나워질 수밖에 없는 것이다. ☞ I. 디즈레일리 〈문학적 호기심〉

착한 아내와 건강한 남자는 가장 훌륭한 재산이다. ☞ C. H. 스퍼전 〈농부 존〉

한 집에 두 여자, 한 마리의 쥐에 두 마리 고양이, 뼈다귀 하나에 두 마리 개……. 이들은 결코 화목할 수 없다.

☞ 미상 〈여인과 여인〉

덕망 있는 아내는 남편에게 복종함으로써 남편을 지배한다.

☞ 푸블리우스 시루스 〈잠언집〉

넘어지지 않는 말이 훌륭한 말이요, 불평하지 않는 아내가 훌륭한 아내이다.

☞ J. 레이 〈영국 격언집〉

질투하는 여자의 독설에는 미친개의 이빨보다 더 치명적인 독성이 있다.

☞ 셰익스피어 〈헛소동〉

교활한 아내는 남편을 자기 행주치마로 만든다.

☞ J. 레이 〈영국 격언집〉

암탉이 울고 수탉이 침묵을 지키는 집은 가련한 집안이다.

☞ J. 플로리오 〈첫 열매〉

여자가 약간의 창녀 기질이 없다면, 대체로 그 여자는 마른 나무토막이다.

☞ D. H. 로렌스 〈춘화와 외설〉

인간은 모든 유해한 생물에 대한 치료법은 알아냈으나, 악처에 대한 치료법은 아직까지 발견하지 못했다.

☞ 라블레 〈작품집〉

나는 당연히 그렇게 해야 한다고 해서 스스로 제공해 주는 여인을 싫어한다. 또한 정사할 때 바느질 생각을 하는, 그런 냉정하고 메마른 여자도 싫어한다.

☞ 오비디우스 〈사랑의 기술〉

슬픈 자는 기쁜 자를 미워하고, 기쁜 자는 슬픈 자를 미워한다. 빠른 자는 느린 자를 미워하고, 게으른 자는 민첩한 자를 미워한다.

☞ 호라티우스 〈서한집〉

인간은 자기가 가장 부러워하는 것을 가장 증오한다.

☞ H. L. 멩컨 〈편견〉

가장 칭찬을 많이 받는 자가 미움도 가장 많이 받는다.

☞ 드라이든 〈경쟁하는 숙녀들〉

사람은 자기가 두려워하는 사람을 미워한다.

☞ 키케로 〈의무론〉

진리는 현명한 자에게 있고, 미(美)는 참된 마음에 있다.

☞ A. 쥬벨 〈팡세〉

아름다운 얼굴이 추천장이라면, 아름다운 마음은 신용장이다.

☞ B. 리튼 〈그것으로 그는 무엇을 하는가?〉

여자를 좋게 말하는 사람은 여자를 충분히 모르는 사람이고, 여자를 항상 나쁘게 말하는 사람은 여자를 전혀 모르는 사람이다.

☞ 루부랑

현명한 남자는 냉정한 여자가 다룰 수 있지만, 어리석은 남자는 현명한 여자라야 다룰 수 있다.

☞ R. 키플링 〈직언〉

사랑은 연령 제한이 없다. 그것은 어느 때든지 생길 수 있는 것이다.

☞ B. 파스칼 〈팡세〉

희망이 없는 사랑을 하고 있는 자만이 사랑을 알고 있다.

☞ 실러

사랑한 후에 사랑을 잃는 것은 전혀 사랑하지 않은 것보다 낫다.

☞ A. 테니슨 〈인·메모리엄〉

사랑하지 말아야 되겠다고 결심해도 뜻대로 되지 않는 것처럼, 영원한 사랑도 뜻대로 되는 것이 아니다.

☞ J. 라브뤼이엘 〈사람 제각기 심정에 대하여〉

사랑에 대하여 가르쳐 주는 사람은 아무도 없다. 사랑이란, 우리의 생명처럼 날 때부터 가지고 태어나는 것이다.

☞ 막스 뮐러 〈독일인의 사랑〉

사랑을 할 줄 아는 사람은 자기의 정열을 지배할 줄 아는 사람이다.
이와 반대로 사랑을 할 줄 모르는 사람은 자기의 정열에 지배를 받는 사람이다.

☞ 호라티우스 〈애송 시집〉

사랑을 좇으면 사랑이 도망가지만, 사랑을 자유롭게 두면 그 사랑은 그대를 좇을 것이다.

☞ 영국 격언

사랑이 깊은 자는 마음 또한 깊다.

☞ 호메로스

아름다운 것은 그 자체의 힘 때문에 옳게 보이지만, 연약한 것은 약하기 때문에 그르게 생각된다.

☞ 브라우닝 〈오로러 리〉

여자는 사랑하든지, 아니면 증오한다. 그는 중용을 모른다.

☞ P. 사이러스

아무도 너를 정당하게 미워하지 않도록 조심하라.

☞ 푸블리우스 시루스 〈금언집〉

사람은 자신이 미워하는 자를 결코 이해하지 못한다.

☞ J. R. 로우얼 〈비글로우 페이퍼즈〉

인간관계

모범적 행동으로 일관된 생애는 자신에게는 명성을 가져다 주고, 다른 사람들에게는 행동의 기준을 보여 주는 덕행의 예가 된다. ☞ G. 채프먼 〈뤼시 당브와〉

항구에 정박해 있는 배는 안전하다. 그러나 그것이 배가 건조된 목적은 아니다.
☞ J .A. 셰드 〈내 고향 아티카에서 온 소금〉

예절은 비용을 들이지 않고 모든 것을 얻는다.
☞ M. W. 몬터규 여사 〈서간집〉

공손하지 못한 말은 변명을 허용치 않는다. 예절의 부족은 지각의 부족이기 때문이다. ☞ W. 딜론 〈번역 시론〉

남의 품행을 공격하기에 앞서 자신의 품행을 돌아봐야 한다.

☞ J. 가드너 씨 부인 〈국제 윤리학〉지(誌)에서

훌륭한 예절과 부드러운 언사는 많은 어려운 일을 해결해 주는 힘이 되어 준다. ☞ J. 벤부르 경 〈이솝 제1부〉

인생의 목적은 행복이 아니라 인격이다.

☞ H. W. 비처 〈생활 사상〉

인간의 인격은 말하지 않아도 저절로 드러난다. 순간적인 행위와 말, 그리고 일신상의 의도는 인물 됨됨이를 나타내기에 충분하다. ☞ 에머슨 〈수필 제1집〉

큰 나무는 과일나무보다 더 큰 그늘을 준다.

☞ 이탈리아 격언

모든 인간에게는 자기의 값이 있다.

☞ R. 월포올 경 〈로버트 월포올 경의 회고록〉

자기 일을 처리하기 위해, 타인의 지혜를 사용할 수 있는 자는 위대하다. ☞ D. 피아트 〈연방을 구원한 위인들의 추모〉

재산을 잃는 것은 조금 잃는 것이고, 건강을 잃는 것은 많이 잃는 것이며, 명성을 잃는 것은 모든 것을 잃는 것이다.

☞ 미상 '독일 어느 학교 벽에 있는 표어'

소인(小人)들에게는 신들도 항상 작은 것을 준다.

☞ 칼리마크스 〈미확인 유고〉

작은 일에 지나치게 관심을 갖는 사람들은 대개 큰일에 무능하다.

☞ 라 로시푸코 〈금언집〉

소인은 특별한 것에 관심이 있고, 위인은 평범한 것에 관심이 있다.

☞ E. 허버트 〈경구집〉

소인은 불행에 억눌려 복종하지만, 위인은 불행을 초월한다.

☞ W. 어빙 〈스케치 북〉

소인은 사소한 일로 중상을 입지만, 위인은 일체를 통찰하니 경상조차 입지 않는다.

☞ 라 로시푸코 〈금언집〉

위인은 사상을 논하고, 범인은 사건을 논하며, 소인은 인간을 논한다.

☞ 미상 〈심정〉

왕왕 위대한 사람이 비열하고 부정직한 자에게 죽는다.

☞ 셰익스피어 〈헨리 6세〉

높은 바람은 높은 산에 분다.　　　☞ T. 풀러 〈금언집〉

물은 가장 깊은 곳에서 가장 잔잔하게 흐른다.

☞ J. 릴리 〈사포와 포오〉

게를 똑바로 걷도록 가르칠 수는 없다.

☞ 아리스토파네스 〈평화〉

우리는 모든 것을 빼앗겨도 견딜 수 있지만, 자부심만은 빼앗기면 견딜 수 없다.　　　☞ W. 래즐리트 〈성격론〉

얼굴을 붉히는 자는 이미 유죄요, 참다운 결백은 어떤 것에도 부끄럽지 않다.　　　☞ 루소 〈에밀〉

숭배 받는 인물들 앞에서는 신을 존경하고, 병사들 앞에서는 영웅들을 존경하고, 사람들 중에서는 우선 부모를 존경하라. 그러나 무엇보다도 너 자신을 존경하라.

☞ 피타고라스 〈금언집〉

난장이가 산꼭대기에 서 있다고 해서 키가 커지지 않는 것처럼, 거인은 우물 속에 서 있어도 키가 그대로다.

☞세네카 〈루킬리우스에의 서한집〉

정직만큼 값진 유산은 없다.

☞ 셰익스피어 〈끝이 좋으면 모두 좋다〉

부와 권력을 좇다 실패하는 자는, 정직이나 용기도 오래 지니지 못한다.　　☞ S. 존슨 〈어드밴추어리〉지(誌)에서

정직한 길을 걸어가는 데는, 너무 늦다는 법이 없다.

☞ 세네카 〈아가멤논〉

정직할 수 있는 사람만이 완전한 인간이다.

☞ J. 플래처 〈정직한 사람의 재산〉

정직한 사람은 광명도 암흑도 두려워하지 않는다.

☞ T. 풀러 〈잠언집〉

양심은 모든 인간에게 신(神)과 같은 것이다.

☞ 메난드로스 〈단행시〉

정직한 사람은 참된 종교와 같이 이해력에 호소하며, 혹은
겸손하게 양심의 내적 증거를 신뢰한다.
협잡꾼은 논쟁 대신에 폭력을 사용하며, 설득할 수 없을 때
는 침묵을 강요하거나 칼에 의해 자기의 성격을 과시한다.
☞ 주니우스 〈주니우스 서간집〉

바다보다 웅대한 장관이 있으니, 그것은 하늘이다. 하늘보다
웅대한 장관이 있으니, 그것은 양심이다.
☞ V. 위고 〈레미제라블〉

양심에 대한 가책의 시작은, 새 생명의 시작이다.
☞ G. 엘리어트 〈펠릭스 홀트〉

거짓된 말은 그 자체로서 죄악일 뿐 아니라, 영혼을 죄악으
로 더럽힌다.   ☞ 플라톤 〈대화편 : 파에도스〉

거짓말은 나이를 먹지 않는다.
☞ 에우리피데스, B. 존슨 〈탐구 : 진리〉

농담조의 거짓말이 커다란 슬픔을 가져온다.
☞ H. G. 보운 〈격언 수첩〉

거짓말을 하지 말라. 그것은 부정직하기 때문이다.

모든 진실을 다 이야기하지 말라. 그것은 불필요하기 때문이다.

그렇다! 때와 장소에 따라서는 유해(有害)한 거짓말이 해로운 진실보다 훨씬 좋을 때가 있다.

☞ R. 애스컴 〈호우 씨에게 보낸 편지〉

거짓말쟁이는 아무리 진실을 말해도 아무도 믿어주지 않는다.

☞ 아리스토텔레스

사실을 말해도 아무도 믿어주지 않는다는 것이 거짓말쟁이가 받는 벌이다.

☞ 〈바빌로니아 율법서〉

이처럼 천하고 가련하고 경멸스러운 악덕은 없다.

자신에게 거짓말하도록 일단 내버려두는 자는 두 번 세 번 거짓말하는 것이 더욱 쉽다는 것을 알게 되며, 마침내는 그것이 습관이 된다.

☞ T. 제퍼슨 〈문집〉

어떤 사람은 말하는 데서 거짓말을 하여 오명(汚名)을 얻고, 어떤 사람은 태도에서 거짓말을 하여 명성을 얻는다.

☞ H. D. 도로우 〈일기〉

거짓말한 이후에는 훌륭한 기억력이 필요하다.

☞ P. 코르네이유 〈거짓말쟁이〉

자기 아버지에게 거짓말을 하고 혹은 기만하는 습성을 가진
자, 또는 적어도 감히 그렇게 할 수 있는 자는 다른 사람들한
테 똑같은 짓을 더욱 용감히 할 것이다.

☞ 테렌티우스 〈형제〉

위선은 비겁자의 장기(長技)이다.   ☞ 볼테르 〈동 페드로〉

용서받을 수 없는 유일한 악은 위선이다. 위선자의 후회는
그 자체가 위선이다.   ☞ W. 헤즐리트 〈성격론〉

모든 악행 중에서 위선자의 악행보다 더 비열한 것은 없다.
그는 가장 위선적인 순간에 가장 고결한 체하려고 조심한다.

☞ 키케로 〈의무론〉

마음에 들지 않는 진실을 말하지 않을 수 없게 되었을 때,
그것을 대담하게 말하고 끝내는 사람은 그것을 낮은 목소리로
계속 지껄이는 사람보다 더 대담하며 더 너그러운 사람이다.

☞ J. K. 라바터 〈인간에 관한 경구집〉

자기 지식의 한계를 다른 사람에게 숨기는 가장 확실한 방법
은, 그 지식의 한도를 벗어나지 않는 일이다.

☞ G. 레오파르디 〈명상록〉

진정한 용기란, 모든 세상사람 앞에서 행할 수 있는 일을
아무도 안 보는 데서 하는 것이다.　☞ 라 로시푸코 〈금언집〉

용기는 모든 것에 우선하며, 용기는 가장 좋은 선물이다.
우리의 자유와 안전과 생명과 가정과 부모와 조국과 자식들
을 보호해 주는 것이 용기이며, 그것은 모든 것을 포함한다.
따라서 용기를 가진 사람은 모든 축복을 갖는다.

☞ 플라우투스 〈암비트루오〉

다음 세 가지는, 다음 세 가지 경우에만 알려진다.
용기, 그것은 전쟁터에서만 알아볼 수 있다.
지혜, 그것은 분노에 사로잡혔을 때만 알아볼 수 있다.
우정, 그것은 곤궁할 때만 알아볼 수 있다.

☞ 에머슨 〈일기〉

용감한 사람은 용감하고 선한 사람들 사이에서 태어난다.

☞ 호라티우스 〈애송 시집〉

행운의 여신은 용감한 사람들을 돕는다.

☞ 테렌티우스 〈포르미오〉

진정 용감한 자는 무슨 욕을 들어도 현명하게 참아낸다.

☞ 셰익스피어 〈아테네의 타이몬〉

겁쟁이는 죽기 전에 여러 번 죽지만, 용감한 자는 단 한 번 죽음을 맛본다.

☞ 셰익스피어 〈줄리어스 시저〉

하는 일이 잘되고 못됨에 따라, 사람들은 오만해지기도 하고 겸손해지기도 한다.

☞ 테렌티우스 〈헤키라〉

누구든지 자기를 높이는 자는 낮아지고, 자기를 낮추는 자는 높아지리라.

☞ 〈신약성경 : 마태복음〉

가장 향기로운 향수는 언제나 가장 작은 병에 담겨 있다.

☞ J. 드라이든 〈수필집〉

경쟁 속에서는 아름답게 이루어지는 것이 없고, 자만 속에서는 고상하게 이루어지는 것이 없다.

☞ J. 러스킨 〈인간의 윤리학〉

겸손은 모든 미덕의 근원이다.　☞ P. J. 베일리 〈축제 : 가정〉

기고만장하게 구는 것보다 허리를 굽히는 편이 더 슬기로운
행동이다.　　　　　　　　　　　☞ 워즈워스 〈소요편〉

자만은 만족에 대한 불구대천의 원수이다.

　　　　　　　　　　　　　　　　☞ T. 풀러 〈잠언집〉

자만심은 인간이 자기 자신을 너무 높게 생각하는 데서 생기
는 쾌락이다.　　　　　　　　　　☞ 스피노자 〈윤리학〉

많은 오해를 하는 것보다는 차라리 거의 이해하지 못하는
편이 낫다.　　　　　　　　　☞ A. 프랑스 〈천사의 반역〉

많이 이해하는 자는 적게 이해하는 자보다 성격상 더 큰
단순성을 나타낸다.　　　　　　　☞ A. 체이스 〈전망〉

편견은 무지의 자식이다.　　☞ W. 해즐리트 〈소묘와 수필집〉

나는 정직해지겠다고는 약속할 수 있으나, 치우치지 않겠다
고는 약속할 수 없다.　　　　　☞ 괴테 〈산문 금언집〉

모든 사람이 같은 것을 보더라도 똑같이 이해하지는 않는다. 지성은 이를 식별하고 음미하는 혀다.

☞ T. 트래헌 〈명상의 수세기〉

누구에게나 등을 돌리지 말라. 만약 그리하면 한쪽 면만 채색하게 될 것이다. ☞ S. 레크 〈다듬지 않은 사상〉

우리 모두가 편견을 비난함에도 불구하고, 아직은 모두가 편견을 갖고 있다. ☞ H. 스펜서 〈사회학 원리〉

편견을 버린다는 것은, 그것이 언제일지라도 결코 늦지 않다.

☞ H. D. 도로우 〈월든 숲속의 생활〉

너그러운 사람은 자기가 받은 것만큼 많이 지불하지 않는다.

☞ T. 풀러 〈금언집〉

솔직함과 관대함은 그 정도를 적당하게 유지하지 않으면 파멸로 인도하게 된다. ☞ 타키투스 〈사서〉

관용은, 모두에게 좋을 수 있지만 혹은 아무에게도 좋지 않을 수 있다. ☞ 버크 '하원에서의 연설'

사람들은 자기들이 사랑하는 사람보다 자기들이 두려워하는 사람들을 더 너그럽게 다룬다.

☞ E. W. 하우 〈시골 속담〉

잔인한 행동은 악한 마음에서, 때로는 겁 많은 마음에서 생긴다. ☞ J. 해링턴 경 〈격노한 오를란도〉

인간이 짐승이 되면 짐승보다 더 나빠진다.

☞ R. 타르고 〈길 잃은 새들〉

용서는 보복보다 낫다. 용서는 온화한 성격의 증거지만, 보복은 야만적인 성격의 신호이기 때문이다.

☞ 에픽테토스 〈유고집〉

용서를 받으려면, 먼저 용서하라. ☞ 세네카 〈자비론〉

다른 사람은 자주 용서하더라도, 자신은 결코 용서하지 말라.

☞ 푸블리우스 시루스 〈금언집〉

'용서는 해도 잊을 수는 없다'고 말하는 것은 '용서할 수 없다'는 것을 달리 표현한 것이다. ☞ H. W. 비처 〈인생 사상〉

너에게 해를 끼친 자는 대개가 너보다 강하거나 약하다. 그가 너보다 약하면 그를 용서하고, 그가 너보다 강하면 너 자신을 용서하라. ☞ 세네카 〈분노론〉

모든 사람을 용서하는 것은 아무도 용서하지 않는 것과 마찬가지로 잔인하다. ☞ 세네카 〈서간집〉

한 번 용서받은 잘못은 두 번 저지른다.
  ☞ G. 하비 〈가장자리〉

감사는 훌륭한 교양의 열매이다. 천한 사람 사이에서는 그것을 찾기 힘들다. ☞ 보즈웰 〈헤브리테스 섬 여행기〉

감사할 줄 아는 마음씨는 돈으로 살 수 없는 것 중 하나이다. 그것은 타고나는 것으로, 이 세상의 어떤 것으로도 창조할 수 없다. ☞ 헬리팩스 경 〈작품집〉

가장 훌륭한 선(善)은 신중성이다. 그것은 철학보다도 더 귀중하다.
모든 덕(德)은 신중성에서 나온다고 해도 과언이 아니다.
  ☞ 에피쿠르스 〈메노에케우스에게 보낸 편지〉

믿기 전에 시험하라. 뛰기 전에 앞을 보라.

☞ J. 트랩 〈비평론집〉

작은 것을 크게 받아들이는 자에게 큰 것이 찾아든다.

☞ M. A. 카시오도루스 〈정서법〉

신중한 사람은 국가를 감독할 수 있다. 그러나 국가를 재생
시키거나 폐허로 만드는 것은 정열가들이다.

☞ 벌워 리튼 〈린치〉

신중은 인생을 안전하게 한다. 그러나 좀처럼 인생을 행복하
게 만들지는 않는다. ☞ S. 존슨 〈아이들러〉지(誌)

시련 속에서의 침착과 용기는 성공을 확보하는 데 있어 군대
보다 더 낫다. ☞ J. 드라이든 〈오랭 지브〉

마음은 부드러워야 하고, 의지는 굽혀지지 않아야 한다.

☞ 롱펠로우 〈존 앤디코트〉

나는 생각한다. 그러므로 나는 존재한다.

☞ R. 데카르트 〈방법 서설〉

잘못 디딘 한 발자국은 되돌릴 수 없다는 것을 명심하라.
그러므로 대담하게 나아가되, 신중해져라!

☞ T. 그레이 〈귀여운 고양이의 죽음에 부쳐〉

지식은 전달될 수 있지만 지혜는 전달될 수 없다.
사람은 지혜를 찾을 수 있고, 지혜를 통해 경이(驚異)를 행할
수 있다. 그러나 그것을 전달하고 가르칠 수는 없다.

☞ 헤르만 헤세 〈싯다르타〉

청하는 곳에 얻음이 있고, 구하는 곳에 찾음이 있으며, 두드
리는 곳에 활짝 열림이 있다.

☞ C. 스마트 〈다윗에게 바치는 노래〉

사람이 말을 물가로 끌고 갈 수는 있지만, 물을 억지로 마시
게 할 수는 없다.

☞ J. 헤이우스 〈격언집〉

슬기로운 자의 가치 있는 경쟁은 자신과의 경쟁뿐이다.

☞ A. 제임스 부인 〈추억과 수필〉

다른 사람을 지배하려거든, 먼저 자기 자신의 주인이 되어야
한다.

☞ P. 메신저 〈노예〉

자신을 극복하는 힘을 가진 사람이 가장 강하다.
☞ 세네카 〈루클리우스에의 서한집〉

너희가 '그렇다' 하는 것은 '그렇다' 하고, '아니다' 하는 것은
'아니다' 하라. ☞ 〈신약성경 : 야고보서 5, 12〉

소신껏 사는 삶이야말로 단 하나의 성공이다.
☞ C. 몰리 〈푸른 하늘이 시작되는 곳〉

할 수 있다고 믿는 자들이 정복할 수 있다.
한번 실행해 본 사람은 다시 하기를 꺼려하지 않는다.
☞ 에머슨 〈사회와 고독 : 용기〉

자신(自信), 그것이야말로 유일하게 값진 친구요 모든 선한
정신의 후원자이다. ☞ 채프먼 〈미망인의 눈물〉

자신(自信)이란, 우리 마음이 확실한 희망과 그 희망에 대한
신뢰를 가지고 명예로운 항로로 출범하는 감정이다.
☞ 키케로 〈수사학 강의〉

신은 참는 자와 더불어 있다. ☞ 〈코란〉

인내는 쓰지만 그 열매는 달다.　　　　　☞ 루소 〈에밀〉

떡잎은 쓰되, 그 꽃은 향기로우리라.
　　　　　　　　　　☞ W. 쿠퍼 〈어둠을 밝히는 빛〉

모든 고통을 치료하는 최선의 치료약은 인내(忍耐)다.
　　　　　　　　　　☞ T. M. 플라우투스 〈밧줄〉

우선 무엇이 되어야 하는가를 자신에게 말하라. 그러고 나서
해야 할 일을 하라.　　　　　☞ 에픽테토스 〈어록〉

이기(利己)를 아는 것이 진(眞)이고, 사리(私利)와 싸우는 것
이 선(善)이며, 사심(私心)을 극복하는 것이 미(美)이다.
　　　　　　　　　　☞ J. 루 〈교구 목사의 명상록〉

각오가 되어 있는 곳에서는 발이 가볍다.
　　　　　　　　　　☞ G. 허버트 〈명궁〉

망치에 두들겨 맞으며 시뻘겋게 달구어진 쇠를 벼르는 모루
는 신음하지 않고 묵묵히 견딘다.
　　　　　　　　　　☞ 아에스킬루스 〈유고집〉

쓰러지면 일어나고, 좌절아 찾아오면 더 잘 싸우고, 자고 나면 깨는 것이 우리다. ☞ R. 브라우닝 〈애솔랜도우 : 존장〉

부자로 죽기 위해서 궁하게 사는 것은 미친 짓임에 분명하다.
☞ 유베날리스 〈풍자 시집〉

겁쟁이는 자기를 사려 깊다고 하고, 인색한 자는 자기를 검약하다고 한다. ☞ F. 베이컨 〈이성의 장식〉

녹슬어 못 쓰게 되는 것보다는 써서 닳아 없어지는 것이 낫다.
☞ R. 컴벌런드 주교, G. 혼 주교 '진실을 위한 투쟁 의무의 설교'

우리에게는 글보다 인간에 대해 공부하는 것이 더 필요하다.
☞ 라 로스푸코 〈사후 출판 금언집〉

대부분의 사물은 가운데가 으뜸이다. 그와 마찬가지로 자신의 위치도 가운데가 되게 하라. ☞ 포킬리데스 〈단편집〉

모범은 모든 사람이 읽을 수 있는 교훈이다.
☞ G. 웨스트 〈교육〉

끊임없는 고행 속에서 살아가도록 하라. 또한 세속적인 안락이나 쾌락은 결코 기대하지 말며, 원하지도 말라.

☞ J. 에드워즈 〈일기〉

명분이 정당하면, 약자가 강자를 제압한다.

☞ 소포클레스 〈오이디푸스 클로네우스〉

올바른 명분을 가지고 목적에 집착하는 사람의 결심은 잘못되었다고 아우성치는 동료 시민들의 광기에도, 혹은 독재자의 위협적인 표정에도 결코 흔들리지 않는다.

☞ 호라티우스 〈애송 시집〉

자연과 조화를 이루어 나가는 삶이야말로 으뜸가는 선이다.

☞ 키케로 〈한계론〉

존경할 만한 인물한테까지도 존경을 받거나, 혹은 존경할 만하게 만드는 데는 절대적으로 어떤 위엄 있는 태도가 필요하다.

☞ 체스터필드 경 〈서한집〉

중용에 힘쓰는 사람은 오막살이의 빈곤도 피하고, 궁전의 선망도 피한다.

☞ 호라티우스 〈애송 시집〉

우리가 즐거움을 추구하는 데는 어떤 한계가 있어야 한다.
마찬가지로 매사에 너무 지나치지 않도록 조심해야 한다.
그리고 정열에 휩쓸려서 수치스러울 만큼 정도를 지나쳐서
도 안 된다.　　　　　　　　　　　　　☞ 키케로 〈의무론〉

예절과 지식이 사람을 만든다.
　　　　　　　　　　　　　☞ H. 브래드쇼 〈성 워버즈 전〉

사람의 인격은 그 사람의 말에 의해서 드러난다.
　　　　　　　　　　　　　☞ 메난드로스 〈피리 부는 소녀〉

사람의 됨됨이는 마음에도 나타나지만, 안색에서도 명확하
게 드러난다.　　　　　　　　☞ G. 맥도널드 〈숙고와 소원〉

가득 찬 것은 순진이고, 텅 빈 것은 경험이다.
이기는 것은 순진이고, 지는 것은 경험이다.
　　　　　　　　　　　　　☞ C. 페귀 〈기본적 진실성〉

우리가 알고 있는 틀림없는 법칙 중 하나는, 자신이 항상
신사라고 말하는 자는 결코 신사가 아니라는 것이다.
　　　　　　　　　　　☞ R. S. 서티즈 〈엄마에게 물어보라〉

신사를 만드는 것은 화려한 코트가 아니다.

☞ J. 레이 〈영국 격언집〉

진정한 위인 치고 자신을 위인으로 생각하는 사람은 없다.

☞ W. 해즐리트 〈다화〉

사람을 고귀하게 만드는 것은 정신이지 결코 가문이 아니다.

☞ 〈독일 격언〉

양심은 영혼의 소리이며, 정열은 육신의 소리이다.

☞ 루소 〈에밀〉

하루만 행복하려면 이발소에 가서 머리를 깎아라. 일주일만 행복해지고 싶거든 결혼을 하라. 한 달 정도라면 말[馬]을 사고, 일 년이라면 새 집을 지어라. 그리고 평생토록 행복하기를 원한다면 정직한 인간이 되라. ☞ 영국 격언

정직한 노동자는 즐거운 얼굴을 가진다.

☞ T. 데커 〈참을성 많은 그리셸〉

정직을 잃은 자는 더 잃을 것이 없다. ☞ J. 릴리 〈유퓨즈〉

뜻대로 될 때 위선을 부리는 자는 없다.

☞ S. 존슨, 보즈웰 〈존슨 전 〉

자존심은 다 떨어진 외투 밑에도 숨어 있을 수 있다.

☞ T. 풀러 〈금언집〉

자존심을 앞세우면 치욕이 뒤따를 것이다.

☞ G. 채프먼 〈호미를 동쪽으로〉

오직 바른 데에만 근거를 두었다면, 자부심은 느낄지 모르지만 이익을 얻는 일은 없을 것이다. ☞ 밀턴 〈실락원〉

인간은 자기가 남을 존경할 때만 존경받을 수 있다.

☞ 에머슨 〈강연과 스케치〉

과오는 인간에게만 있다. 인간에게 있어서 과오는 자기 자신이나 타인, 사물과의 올바른 관계를 찾아내지 않은 데서 비롯된다. 과오나 허물은 일식이나 월식과 같아서 평소에도 그 모습을 나타내고 있으나 보이지 않다가, 비로소 그것을 고치면 모두가 우러러보는 하나의 신비한 현상이 된다.

☞ 괴테

생산적이라는 것이야말로 올바른 인간관계에 대한 단 하나
의 타당한 정의이다.　　　　　　　　☞ 피터 드러커

인간 행복의 90%는 인간관계에 달려 있다.　☞ 키에르 케골

우리는 사람을 알려고 할 때 그 사람의 손이나 발을 보지
않고 머리를 본다.　　　　　　　　　　☞ 캘빈

인간의 행실은 각자 자기의 이미지를 보여주는 거울이다.
　　　　　　　　　　　　　　　　　☞ 괴테

학문과 일

너 자신을 아는 것을 너의 일로 삼으라. 그것은 세상에서 가장 어려운 교훈이다.　　　　☞ 세르반테스 〈돈키호테〉

자신을 바로 아는 사람이야말로 진정한 현인이다.
　　　　☞ 초서 〈캔터베리 이야기 : 수도사 이야기〉

네가 네 자신을 알려거든, 다른 사람들이 어떻게 하나 보기만 하라.
네가 다른 사람들을 이해하려거든, 너 자신의 마음속을 들여다보라.　　　　☞ 실러 〈시신년감〉

신(神)은 스스로 돕는 자를 돕는다.
　　　　☞ 아이소푸스 〈헤르클레스와 마부〉

스스로가 자신을 돕는다면 하늘도 그 사람을 도와줄 것이다.
☞ 라 퐁텐 〈우화집〉

다른 사람의 환경이 우리에게 좋아 보이듯이, 우리 환경은
다른 사람에게 좋아 보인다.
☞ 푸블리우스 시루스 〈금언집〉

타인에게는 온순하고, 자신에게는 엄격하라.
☞ S. 로저스 〈콜럼버스의 항해〉

일은 인간 생활의 피할 수 없는 조건이며, 인간 복지의 참된
근원이다.
☞ L. 톨스토이 〈나의 종교〉

일이 약일 때 인생은 즐겁다. 일이 의무일 때 인생은 노예이다.
☞ M. 고리키 〈빈민굴〉

속을 먹으려 하는 자는 껍질을 깨야 한다.
☞ 플라우투스 〈바구미〉

환경은 인간이 지배할 수 없지만, 행동은 자신의 힘이 미치
는 곳에 있다.
☞ B. 디즈레일리 〈콘타리니 플레밍〉

아름다운 몸매가 아름다운 얼굴보다 낫고, 아름다운 행실이
아름다운 몸매보다 낫다. 아름다운 행실이야말로 예술 중에
서 가장 아름다운 것이다. ☞ 에머슨 〈수필집〉

우리는 사상을 씨 뿌려 행동을 거두고, 행동을 씨 뿌려 습관
을 거두며, 습관을 씨 뿌려 성격을 거두고, 성격을 씨 뿌려
운명을 거둔다. ☞ C. A. 홀 '설교'

행동으로 옮겨지지 않는 생각은 대수로운 것이 아니고, 생각
에서 비롯되지 않는 행동은 전혀 아무것도 아니다.
☞ G. 베르나노스 〈G. 베르나노스의 최후 수필집〉

아무리 고상하고 진정한 교리라도 실생활에 옮겨지지 않으
면 인간을 행복하게 할 수 없다.
☞ H. 밴 다이크 〈기쁨과 힘〉

행동으로 완결되지 못하는 말은 모두 헛되다.
☞ 미상 〈그리스 사화집〉

너의 말을 행동으로 증명하라.
☞ 세네카 〈루킬리우스에의 서한집〉

말은 행동의 그림자이다.　　　☞ 데모크리투스 〈유고집〉

행동에 부주의하지 말고, 말에 혼동되지 말며, 생각에 방황하지 말라.　　　☞ 마르쿠스 아우렐리우스 〈명상록〉

입이 차갑고 발이 따뜻한 자는 오래 산다.
　　　☞ G. 허버트 〈명궁〉

행동이 없는 좋은 말은 잡초와 갈대다.　　☞ T. 풀러 〈잠언집〉

말만 하고 행동하지 않는 사람은 잡초로 가득 찬 정원과 같다.　　　☞ J. 하우얼 〈격언집〉

잘못을 저지르는 것은 인간이지만, 용서하는 것은 신이다.
　　　☞ A. 포우프 〈비평론〉

별로 즐기지도 못하고 별로 고통도 느끼지 못하는 의기소침한 사람들과 어깨를 나란히 하기보다는 실패로 뒤얽히더라도 큰일을 감행하고 영광스러운 승리를 얻는 것이 훨씬 낫다. 왜냐하면, 전자는 승리도 패배도 모르는 회색빛 황혼 속에서 살기 때문이다.　　　☞ 루즈벨트 '해밀턴 클럽에서의 연설'

훌륭한 사람도 발을 헛디디고, 조심스러운 사람도 넘어진다. 한 번도 잘못을 범한 일이 없는 사람은 인간 이상의 존재이다.

☞ J. 펌프레트 〈이성을 이기는 사람〉

우리들은 때때로 인간의 덕성에서보다 잘못에서 더 많은 것을 배운다.

☞ 롱펠로우 〈하이페리언〉

흔히, 과오는 최선의 교사라고 한다.

☞ J. A 프루트 〈대명제에 관한 단언〉

겸손한 자만이 다스릴 것이요, 애써 일하는 자만이 가질 것이다.

☞ 에머슨 〈보스턴 찬가〉

위업을 시작하는 것은 천재지만, 그 일을 끝내는 것은 노력이다.

☞ 주베르 〈명상록〉

쓰고 단 것은 외부에서 생기고, 어려운 것은 내부에서 자기 내부에서 생긴다.

☞ 아인슈타인 〈나의 최근 몇 해 이전〉

노력이 적으면 얻는 것이 적다. 인간의 재산은 그 노고에 달려 있다.

☞ R. 헤리크 〈헤스페루스의 여인〉

지성인이라고 과오를 저지르지 않는 것은 아니다. 그러나 그들은 저지른 과오를 좋게 만드는 방법을 재빨리 발견한다.

☞ B. 브레히트 〈이루어진 측정〉

신은 힘써 일하는 자에게 그의 노고의 소산인 영광을 돌려준다.

☞ 아에스킬루스 〈유고집〉

노력했는데도 해결되지 않을 만큼 어려운 일은 없다.

☞ 테렌티우스 〈안드로스의 여인〉

해보지도 않고 의심하지 말고, 일단 시도하라. 연구했는데도 알 수 없을 정도로 까다로운 것은 없다.

☞ R. 헤리크 〈해스패루스의 딸들〉

너희들이 큰 재주를 가졌다면, 근면은 너희들의 재주를 더 낫게 해 줄 것이다.
그러나 보통 능력밖에 없다면, 근면은 너희들의 부족함을 보충해 줄 것이다.

☞ J. 레이놀즈 경 '왕립 아카데미 학생들에게 행한 강연'

태만은 가난의 어머니이다.

☞ 미상 〈부의 길〉

자신이 원하는 꿈의 방향으로 자신 있게 전진하면서 자기가 상상하는 생활을 하기 위해 노력하면, 언젠가는 성공을 이룰 것이다.

비록 공중에 누각을 지었을지라도 너의 노력은 헛되지 않을 것이니, 이제 그 밑에 기초를 쌓으라.

☞ H. D. 도로우 〈월든 숲속의 생활〉

로마는 하루아침에 이루어지지 않았다.

☞ P. A. 만졸리 〈기울어진 황도(黃道)〉

근면은 행운의 어머니이다. 반대로 게으름은, 인간을 그가 바라는 어떤 목표에도 결코 데려다 주지 않는다.

☞ 세르반테스 〈돈키호테〉

인간들은 서로 협조함으로써 자기들이 필요로 하는 것을 훨씬 더 쉽게 마련할 수 있으며, 단결된 힘에 의해 사방에서 그를 포위하고 있는 위험을 훨씬 더 쉽게 모면할 수 있다는 것을 깨닫게 될 것이다.　　　☞ 스피노자 〈윤리학〉

일찍 일어나는 새가 벌레를 많이 잡는다.

☞ W. 캠든 〈유고집〉

태만은 모든 악의 원천이요, 근본이다.

☞ F. 베이컨 〈초기 작품집〉

물이 흐르지 않으면 썩듯이, 태만은 둔한 몸을 쇠약하게 만든다. ☞ 오비디우스 〈폰토로부터의 서한집〉

근심 걱정은 태만에서 샘솟고, 쓰라린 노고는 불필요한 안일에서 생긴다. ☞ B. 프랭클린 〈가난한 리처드의 달력〉

게으름피우지 말고 나태하지 말며, 일을 미루지 말라.
오늘 할 수 있는 일을 내일로 미루지 말라.

☞ 체스터필드 경 〈서간집〉

늦게 일어난 사람은 종일 총총걸음을 걸어야 한다.

☞ B. 프랭클린 〈부자의 길〉

전적으로 자립하면서, 자신의 모든 요구를 자기 자신에게만 집중시키는 사람은 행복하다. ☞ 키케로 〈역설〉

독립을 향한 큰 계단은 거친 음식도 견딜 수 있는 위장, 즉 비위 좋은 위장이다. ☞ 세네카 〈서간집〉

하느님에게 겸손하고, 친구에게 상냥하며, 이웃과는 상부상
조하라. 오늘 밤 이웃이 누리는 행복이 내일 그대에게 생길
수도 있다.　　　　　　　☞ W. 던버 〈기쁨 없는 보물은 없다〉

만일 그대가 높이 오르겠다면, 그대 자신의 다리를 사용하
라! 그대 자신이 허공으로 끌려가지 않도록 하고, 다른 사람
들의 등이나 머리 위에 앉지 말라.

　　　　　　　　☞ 니체 〈차라투스트라는 이렇게 말했다〉

습관은 잔인성도 없고 마술도 없는, 우리가 가진 제1의 천성
을 알 수 없도록 방해하는 제2의 천성이다.

　　　　　　　　　☞ M. 프루스트 〈지난 일의 회상〉

습관은 성격을 형성하고, 성격은 운명을 만든다.

　　　　　　　　　　　　☞ J. 케인즈 '연설'

일단 몸에 붙은 악습은 깨어지기는 하지만 고쳐지지는 않는다.

　　　　　　　　☞ 쿠인틸리아누스 〈변론술 교정(敎程)〉

이미 휘어진 노목(老木)은 똑바로 잡기 어렵다.

　　　　　　　　　　　　　　☞ 프랑스 격언

시내가 강이 되고 강이 흘러 바다를 이루듯이, 나쁜 습관은 보이지 않는 사이에 착착 쌓여서 자신의 일부처럼 된다.
☞ 오비디우스 〈변형담〉

늘 마시는 자는 맛을 모르고, 늘 지껄이는 자는 결코 생각하는 법을 모른다.
☞ M. 프라이어 〈스칼리게리아나 섬을 통과하며〉

절제는 덕성이라는 진주 목걸이를 꿰는 비단 끈이다.
☞ J. 홀 〈기독교의 절제〉

운동과 절제는 노경에 이를 때까지 젊은 시절의 힘을 어느 정도 보존해 준다.
☞ 키케로 〈노년〉

우리가 즐길 수 있는 것을 삼가는 것이 이성적 쾌락주의다.
☞ 루소

의무가 와서 당신의 문을 두드릴 때 그를 맞아들여라. 그를 기다리라고 하면 다시 오겠다고 하면서 갔다가, 일곱 가지 다른 의무를 가지고 당신 문 앞에 나타날 것이다.
☞ C. E. 마컴 〈의무〉

사치는 유혹적인 쾌락이요 비정상적인 환락이다. 그 입에는 꿀이, 그 마음에는 쓸개즙이, 그 꼬리에는 바늘가시가 있다.

☞ F. 퀄즈 〈표상〉

훌륭한 정신은 찌꺼기의 겉치레에 굽히지 않는다.

☞ 셰익스피어 〈베니스의 상인〉

비밀은 지키면 당신의 노예가 되지만, 지키지 않으면 당신의 주인이 된다.

☞ 〈아라비아 격언〉

두 사람 사이의 비밀은 신(神)의 비밀이요, 세 사람 사이의 비밀은 모든 사람의 비밀이다.

☞ 프랑스 격언

남이 당신의 비밀을 지켜 주기를 원하면, 우선 당신 자신이 비밀을 지켜라.

☞ 세네카 〈힙폴리투스〉

좋은 소식은 하루의 어느 때에 전해 주어도 괜찮지만, 나쁜 소식은 오전에 전해 주는 것이 좋다.

☞ G. 허버트 〈명궁〉

일자리가 있는 자는 누구나 기회가 있다.

☞ E. 허버트 〈경구집〉

다닐 직장이 없는 사람은 — 그가 누구이든 간에 — 상상도 할 수 없을 만큼 귀찮게 여겨지기 마련이다.

☞ 버나드 쇼 〈풀 수 없는 매듭〉

세상에 대한 유일한 방벽은 세상에 대한 철저한 지식 습득이다.

☞ J. 로크 〈교육론〉

세상에 대한 지식은 세상에서 얻는 것이지 다락방에서 얻는 것이 아니다.

☞ 체스터필드 경 〈서간집〉

사회가 그 구성원을 위해 존재하는 것이지, 그 구성원들이 사회의 이익을 위해 존재하는 것은 아니다.

☞ H. 스펜서 〈논리학 원리〉

고립된 개인은 존재하지 않는다. 슬픈 사람은 타인을 슬프게 한다.

☞ 생텍쥐페리 〈아리스로의 비행〉

상해를 당하고 용서하는 것보다, 상해를 가하고 용서를 구하는 것이 훨씬 더 유쾌하다. 후자는 자신의 힘을 과시하는 것이지만, 전자는 친절한 성품을 나타내기 때문이다.

☞ 니체 〈인간적인 너무나 인간적인〉

사람들이 당신 등 뒤에서 하는 말이 그 사회에서의 당신의 명망이다. ☞ E. W. 하우 〈시골 속담집〉

사회에서 살 수 없거나 혹은 혼자 힘으로 충분하기 때문에 사회에서 살 필요가 없는 사람은, 짐승이거나 아니면 신(神) 임에 틀림없다. ☞ 아리스토텔레스 〈정치학〉

모든 사람은 자기 운명의 건축가이다. 그러나 이웃 사람이 그 건축을 감독한다. ☞ G. 에이드 〈수제 우화집〉

유행은 어리석은 자들을 위해 있다.
☞ R. 도즐리 〈구애 중인 존 코클 경〉

지성이 없는 전통은 가지고 있을 가치가 없다.
☞ T. S. 엘리어트 〈이신(異神)을 좇아〉

관습은 불문율이지만, 국민은 그것으로 국왕까지 두렵게 한다. ☞ C. 대버넌트 〈키르케〉

관습은 모든 법률에 앞서며, 자연은 예술에 앞선다.
☞ S. 데니얼 〈압운의 변명〉

우리는 성품에 따라 생각하고, 법규에 따라 말하고, 관습에 따라 행동한다.　　　　☞ F. 베이컨 〈학문의 진보〉

도둑질한 물이 달고, 몰래 먹는 떡이 맛이 있다고들 한다.
　　　　☞ 〈구약성경 : 잠언 9, 17〉

자기기만보다 더 쉬운 것은 없다. 사람은 자기가 소원하는 것을 사실인 것으로 믿기 때문이다.
　　　　☞ 데모스테네스 〈제3의 울린티아론〉

한 사람을 죽인 자는 살인자요, 수백만 명을 죽인 자는 정복자다. 그러나 모든 사람을 죽일 수 있는 자, 그는 신(神)이다.
　　　　☞ J. 로스탕 〈자전적 명상록〉

개개인은 서로 속이고 속을 수도 있을 것이다. 그러나 모든 사람을 속인 사람은 아무도 없었고, 어느 한 사람을 모든 사람이 속인 적도 없다.　　　　☞ C. 플리니우스 〈송시집〉

눈썹과 눈 그리고 안색은 우리를 자주 속인다. 그러나 가장 우리를 잘 속이는 것은 말이다.
　　　　☞ 키케로 〈쿠인투스 프라트레아에의 서한집〉

자신을 기만하는 자가 가장 많이 기만당한다.

☞ 덴마크 격언

일단 비열한 협잡꾼으로 이름난 사람은, 그가 비록 진리를
말한다 해도 아무도 믿지 않는다. ☞ 파에드루스 〈우화집〉

결행하지 않는 복수보다 더 명예로운 복수는 없다.

☞ 스페인 격언

피는 피를 취할 것이요, 복수는 복수를 낳을 것이다.
악은 반드시 악을 부른다. ☞ R. 사우디 〈웨일즈의 매도크〉

기아(飢餓)와 맞싸울 수 있는 공포는 없다. 기아를 참아 낼
수 있는 인내도 없다. 무얼 바라는 간절함도 기아가 있는
곳에서는 존재하지 못한다. 그 속에서는 미신, 신앙 그리고
원리라고 부를 수 있는 모든 것이 바람에 날리는 쓰레기에
지나지 않기 때문이다. ☞ J. 콘래드 〈암흑의 마음〉

불을 피우는 것은 바람이고, 꺼뜨리는 것도 바람이다.
산들 바람은 불길을 부채질하고, 강한 바람은 불길을 죽여
버린다. ☞ 오비디우스 〈사랑의 치료〉

비폭력은 우리 시대가 당면해 있는 모든 정치적·도덕적 문제의 해답입니다. 즉 인간은 억압과 폭력에 호소하지 않고, 억압과 폭력을 극복해야 할 필요가 있습니다.

인간은 모든 인간의 갈등을 해결하기 위해 보복과 침략과 복수를 거부하는 방법을 발전시켜야 합니다. 이러한 방법의 시작은 바로 사랑입니다.

☞ M. C. 킹 2세 '노벨 평화상 수상 연설'

못이 부족하면 말굽을 잃고, 말굽이 부족하면 말을 잃고, 말이 부족하면 기수를 잃는다. ☞ G. 허버트 〈명궁〉

진실하고 강하며 건전한 마음은, 큰 것이나 작은 것이나 똑같이 포용할 수 있는 마음이다. ☞ 보즈웰 〈존슨 전〉

독수리는 홀로 날아다닌다. 언제나 떼 지어 다니는 것은 양뿐이다. ☞ 미상 〈예절집〉

약한 것에는 두 가지 종류가 있다. 하나는 부러지는 것이고, 하나는 휘어지는 것이다. ☞ J. R. 로우얼 〈서재에서〉

모든 이유는 원인을 갖는다. ☞ 셰익스피어 〈헛소동〉

손가락에 낀 반지는 닳아서 가늘어지지만, 떨어지는 물방울은 바위에 구멍을 뚫는다. ☞ 루크레티우스 〈사물의 본성〉

무엇이나 이유 없이 이루어지는 것은 없다.

☞ 세네카 〈은혜론〉

원인과 결과, 수단과 목적, 씨앗과 열매는 분리될 수 없다. 결과는 원인 속에서 이미 꽃을 피운다. 목적은 수단 속에, 열매는 씨앗 속에 존재하기 때문이다.

☞ 에머슨 〈수필집, 제1집 : 보상〉

메마른 땅에 뿌릴지라도, 씨앗만 좋으면 스스로의 바탕으로 훌륭한 열매를 맺을 수 있다. ☞ L. 악키우스 〈연대기〉

훌륭한 감각과 좋은 맛 사이에는 원인과 결과 사이의 차이가 있다. ☞ 라 브뤼에르 〈인간 백태〉

꼭 같은 한 가지가 동시에 좋을 수도 있고 나쁠 수도 있으며, 무해 무익할 수도 있다. 예를 들어, 흥겨운 음악은 우울한 사람들에게는 좋지만 슬퍼하는 사람들에게는 나쁘며, 귀머거리에게는 좋지도 나쁘지도 않다. ☞ 스피노자 〈윤리학〉

하늘에 대고 침을 뱉으면 그 침은 자기 얼굴에 떨어진다.

☞ G. 허버트 〈명궁〉

완전무결한 도의(道義)란, 남에게 고통을 주지 않도록 방법을 강구하는 행위의 조절이다. ☞ H. 스펜서 〈수필집〉

진실로 거룩한 말이 인간을 성스럽고 공정하게 만드는 것이 아니라, 도덕적인 생활이 그를 하느님의 사랑을 받도록 만든다. ☞ 토마스 아 캠피스 〈그리스도를 본받아〉

도덕적 기초는 다른 모든 기초와 같아, 그 주변을 너무 많이 파헤치면 위에 세운 건물이 굴러 떨어질 것이다.

☞ S. 버틀러 〈비망가〉

자기가 살고 있는 나라에 아무 것도 빚지지 않은 사람이 어디 있는가? 그 나라가 어떤 나라이든 간에 인간이 소유하고 있는 가장 귀한 것, 즉 자기 행동의 도덕과 덕성의 사랑을 그는 나라에 빚지고 있는 것이다. ☞ 루소 〈에밀〉

오늘날 도덕은 부(富)를 숭배함으로써 부패되었다.

☞ 키케로 〈의무론〉

인생은 무한한 모순으로 가득하다. 그러나 이상하게도 그 모순들은 진실이므로, 그럴싸하게 보여야 할 필요까지는 없다.　　　　☞ L. 피란델로 〈작가를 찾는 6인의 등장인물〉

사람이 호랑이를 죽이는 것은 스포츠라 부르면서, 호랑이가 사람을 죽이는 것은 잔인성이라 부른다. 그것이 사람이다.
　　　　☞ 버나드쇼 〈혁명가를 위한 금언〉

가장 가까이 있는 것이 우리를 가장 감동시킨다. 그렇기에, 나라의 비극보다 가정의 비극이 더 뼈에 사무치는 것이다.
　　　　☞ S. 존슨 '트레이시 부인에의 편지'

바라지 않던 일이 바라던 일보다 훨씬 자주 생긴다.
　　　　☞ 플라우투스 〈유령〉

작은 구멍이 배를 침몰시키고, 한 가지의 죄가 죄인을 파멸 시킨다.　　　　☞ J. 버넌 〈천로역정〉

소년은 장난삼아 개구리에게 돌을 던지지만, 개구리는 장난 이 아닌 실제로 다치거나 죽는다.
　　　　☞ 비온, 플루타르쿠스 〈양수동물〉

한꺼번에 한 가지 일만 하면 하루 동안에 여러 일을 할 수 있는 충분한 시간이 있다. 그러나 같은 시간에 두 가지 일을 하려고 하면 일 년이라도 시간이 넉넉지 않다.

☞ 체스터필드 경 〈서간집〉

쉬운 일은 어려운 것처럼 시도하고, 어려운 것은 쉬운 것처럼 하라.　　　　　☞ B. 그라시안 〈세속적 지혜의 기술〉

서둘러라. 돌아오는 시간을 기다리지 말라.
오늘 준비가 되지 못한 자는 내일은 더욱 그러할 것이다.

☞ 오비디우스 〈사랑의 치료〉

희망을 가지고, 보다 나은 때를 위해 힘을 길러 두라.

☞ 베르질리우스 〈아에네이스〉

인간은 머리를 하늘로 두는 동물이지만, 머리 위에 있는 천장의 거미줄은 보지 못한다.　　　☞ J. 르나르 〈일기〉

다음 발걸음을 딛기 전에는 결코 시험 삼아 땅을 보지 말라. 먼 지평선에 눈을 고정시키는 자만이 그의 올바른 길을 찾을 것이다.　　　　　☞ D. 함마숄드 〈목표 설정〉

현재의 운명에 너 자신을 맞추고, 옷감에 맞게 너의 옷을 지어라.
☞ R. 버튼 〈우울의 해부〉

의(義)를 행하는 한 시간은 기도하는 1백 시간의 가치가 있다.
☞ 마호메트교 금언

너그럽기에 앞서 올바르게 행동하라.
☞ R. B 세리든 〈옥설 학교〉

자유란 무엇인가? 옳게 이해하며 선하게 되라는 세계적인 면허장이다.
☞ D. H. 콜리지 〈자유〉

자유는 책임을 뜻한다. 이것이 대부분의 사람들이 자유를 두려워하는 이유이다.
☞ 버나드 쇼 〈인간과 초인간〉

진정한 개인의 자유는 경제적 보장과 독립 없이 존재하지 않는다. 굶주리고 직업이 없는 국민은 독재의 재료가 될 수 있다.
☞ F. D. 루즈벨트 '의회에 보낸 메시지'

자유는 획득하는 것보다 간직하는 것이 더 어렵다.
☞ J. C. 칼훈 '미국 상원에서의 연설'

자유에의 길은 명령하기를 원하는 사람들보다 복종하기를 희망하는 사람들에 의해 더 심하게 가로막혀 있다.

☞ M. D. 피터 잉 〈기지와 슬기〉

자유는 결코 정부로부터 나오지 않는다. 자유는 항상 통치의 대상에서 나왔다.

자유의 역사는 저항의 역사이다.

자유의 역사는 통치 권력의 제한의 역사이지, 그 증가의 역사가 아니다. ☞ W. 윌슨 '뉴욕 신문 클럽에서의 연설'

다른 사람의 자유를 부정하는 사람들에게는 이 지구 위에서나 혹은 어떤 별나라에서도 결코 자유가 주어지지 않는다.

☞ E. 허버드 〈1001 경구집〉

내가 뜻하는 자유란, 질서와 결부된 자유로서 즉 질서 및 도덕과 더불어 존재한다. 또한 그것은 질서나 도덕이 없이는 전혀 존재할 수 없는 자유다.

☞ E. 버크 '보리스톨에서의 연설'

주인은 때로 장님이어야 하고, 때로 귀머거리여야 한다.

☞ T. 풀러 〈금언집〉

주인의 눈 하나가 하인의 눈 열 개보다 더 많이 본다.

☞ G. 허버트 〈명궁〉

주인의 눈은 그의 양손보다 더 많이 일한다.

☞ B. 프랭클린 〈가난한 리처드의 달력〉

만인은 평등하게 창조되었고, 하느님으로부터 타고난 양도할 수 없는 권리를 받았다. 그러기에 생명과 자유와 행복의 추구를 자명한 진리라고 확신한다.

☞ T. 제퍼슨 〈독립선언서 초안〉

한 곳이 있다. — 묘 잔디 밑, 그곳에서는 만인이 시체로서 평등해진다. 또 다른 곳이 있다. — 신의 성전, 그곳에서는 살아 숨쉬는 사람 모두가 평등하다.

☞ T. 후드 〈레이 윌슨에게 바친 송시〉

인생은 언제 어디서나, 공적이든 사적이든 의무를 면할 수 없다.

☞ 키케로 〈의무론〉

훌륭하게 이행된 의무로부터 나오지 아니한 권리는 가질 가치가 없다.

☞ M. K. 간디 〈평화 시와 전시의 비폭력〉

법 위에 사람 없고, 법 아래 사람 없다.

우리가 사람을 법 앞에 복종하기를 요구할 때, 우리는 그의 허가도 청하지 않는다. 법에 대한 복종은 권리로서 요구되는 것이지, 특혜로서 부탁되는 것이 아니기 때문이다.

☞ T. 루즈벨트 '3차 취임서'

나는 모든 권리에는 의무가, 모든 기회에는 부담이, 모든 소유에는 책무가 따른다고 믿는다.

☞ J. O. 록펠러 2세 '봉사 연합회 대표로서의 강연'

우리의 언어 중에서 가장 신성한 낱말은 '의무'이다.

모든 일에 너의 의무를 다하라. 그것은 그 이상 더 할 수도 없거니와 그보다 덜 하기를 원해서도 안 된다.

☞ R. E. 리 '전시자관의 그의 흉상 아래 새겨진 글'

해야 할 일을 하는 것은 칭찬 받을 이유가 없다. 그것은 우리의 의무이기 때문이다. ☞ 성 아우구스티누스 〈고백록〉

무엇을 할 수도 있다고 생각하지 말고, 무엇을 해야 할 것인가를 생각하라. 그리고 의무에 대한 염려가 마음을 지배하도록 하라. ☞ 클라우디아누스 모든 사명은 의무의 서약으로 구성된다.

모든 사람들은 사명의 완수를 위해 자기의 모든 재능을 바치도록 되어 있다.

모든 행동의 규범은 의무감의 확신으로부터 비롯되어야 한다.

☞ G. 맛찌니 〈생애와 작품〉

모든 사람은 오직 자기의 앞만을 본다. 그러나 나는 나의 내부를 본다. 나와 대적할 사람은 오직 나뿐이기 때문이다. 나는 항상 나 자신을 고찰하고, 검사하고 그리고 음미한다.

☞ 몽테뉴 〈명상록〉

자기보다 어리석은 사람을 만났을 때 그들을 경멸해서는 안 된다. 유전된 재능도 유산보다 더 자랑할 만한 것은 아니다. 두 가지를 다 잘 사용해야만 영예스러운 것이다.

온힘을 다해 자기 자신을 충실히 하는 데 힘쓰라! 우리는 다른 사람의 마음과 성격을 바뀌게 할 수는 없지만, 자기 자신을 고칠 수는 있다.

진실로 자기 의사에 복종시킬 수 있는 것은 자기 자신뿐이다. 그런데 어찌하여 다른 사람이 내 비위를 맞춰주지 않는 것은 탓하면서, 자신의 마음과 몸을 자기 뜻대로 복종시키려고는 하지 않는가?

☞ A. 아우구스티누스

세상에서 가장 중요한 일은, 어떻게 하면 자기가 완전히 자기 자신의 주인이 될 수 있는지를 아는 것이다.

☞ 몽테뉴 〈명상록〉

우리에게 책임이 있는 일의 잘못은 책망을 받지만, 우리에게 책임이 없는 일의 잘못은 책망 받지 아니한다.

☞ 아리스토텔레스 〈니코마크 논리학〉

스스로 사색하고, 스스로 탐구하고, 제 발로 서라.

☞ I. 칸트

자기에 대해서 많이 말하는 것은 자기를 숨기는 하나의 수단이기도 하다.

☞ 니체 〈선악의 피안〉

자기가 그만한 능력이 없으면서 커다란 존재라고 생각하는 것은 불손이다. 반면, 자기의 가치를 실제보다 적게 생각하는 것은 비굴이다.

☞ 아리스토텔레스

자애(自愛), 자식(自識), 자제(自制). 이 세 가지만이 인생을 옳은 길로 인도하고 귀한 힘에 이르게 한다.

☞ A. 테니슨 〈에노오네〉

당신은 지금 자기 가치를 스스로 낮추고 있지만, 사실은 지금의 몇 배 혹은 몇 십 배쯤 훌륭히 될 수 있는 사람인지도 모른다.

분발하라! 분발하지 않고는 아무도 높이 될 수는 없다.

☞ 알랑

자기를 존중하는 마음이 없으면 우정은 큰 가치를 갖지 못한다.

☞ M. I. 글린카

아무리 뛰어난 천재의 능력이라도 기회가 없으면 아무 소용이 없다.

☞ B. 나폴레옹 〈어록〉

타인을 위해 얼마큼 애쓰느냐로 자기 능력을 잴 수 있다.

☞ H. 입센

항상 오늘을 위해서만 일하는 습관을 만드는 것이 좋다. 내일은 저 혼자 찾아오고 그와 더불어 새로운 힘도 다시 찾아온다.

☞ K. 힐티 〈일을 하는 기술〉

가장 유쾌하고 가장 보수가 많으며, 게다가 가장 값싼 최상의 시간 소비법은 언제나 일이다.

☞ K. 힐티

체면을 손상시키는 일이 따로 있는 것이 아니다. 다만 면목이 없는 것은 게으른 탓이다.　☞ 헤시도오스 〈일과 나날〉

노고 없이 사들일 수 있는 것 중 귀중한 것은 하나도 없다.
☞ J. 아디슨

그대들의 일을 사랑하라. 그러나 그대들의 업적을 사랑하진 말라.　☞ 마르코프스키

내가 청년 여러분에게 충고하고 싶은 말은 다음 세 마디다. 일하라. 더욱 일하라. 끝까지 일하라.　☞ O. E. 비스마르크

만약 당신이 일을 하지 않았는데도 보수를 얻었다면, 일을 하고도 보수를 얻지 못한 사람이 어디엔가 있을 것이다. 무엇보다도 일이 그대에게 가장 중요한 것이 되고 보답이 제2의 의로움이 될 때, 창조주인 신이 그대의 주인이 될 것이다.
그러나 반대로 일이 제2의 의로움이 되고 보답이 중요하게 되면, 그대는 보답의 노예가 될 것이다. 그리하면 그대의 삶은 가장 저열하고 추악한 악마의 소굴이 될 것이다.
☞ J. 러스킨

자신이 가진 능력과 재질을 힘껏 발휘함으로써 자기 자신을 스스로 보호해야 한다.

더불어서, 변화무쌍한 이 불안정한 세계에서 가장 튼튼한 발 디딤은 오로지 자기 스스로에 대한 믿음뿐임을 깨달아야 한다.
☞ D. H. 로렌스

자기 일을 찾아낸 사람은 행복하다. 그로 하여금 다른 행복을 찾게 하지 말라. 그에게는 일이 있으며, 인생의 목적이 있는 것이다.
☞ T. 칼라일

일이 즐거움이면, 인생은 낙원이다. 일이 의무이면, 인생은 지옥이다!
☞ M. 고리키 〈밑바닥〉

일을 하면 할수록 할 일이 더 많게 된다. 또한 바쁘면 바쁠수록 그만큼 할 일이 더 많이 생기는 법이다.
☞ W. 해즐릿

절대로 절망하지 말라. 그러나 만약 견디다 못해 절망하게 되면, 일을 계속하라.
☞ E. 버크

일을 즐겁게 하는 자는 세상이 천국이요, 일을 의무로 하는 자는 세상이 지옥이다.
☞ 레오나르도 다빈치

일하는 것이 노는 것보다 피로하지 않은 것이라고 생각한다. 종일 일을 한 사람은 저녁이 되면 자유롭다는 신선한 느낌을 갖는다. 그러나 종일 놀기만 한 사람은 도리어 지독한 피로를 느낀다.

일주일간의 놀이에서 완전히 회복되려면, 일주일간 열심히 일하지 않으면 안 된다. ☞ R. 린드

개인과 사회

모든 사람에게 예절 바르고, 많은 사람에게 붙임성 있고, 몇 사람에게 친밀하고, 한 사람에게 벗이 되라. 그리고 아무에게도 적이 되지 말라.　☞ B. 프랭클린 〈가난한 리처드의 달력〉

창녀의 집에는 발을 들여놓지 말고, 여자의 치마 속에는 손을 넣지 말고, 고리대금업자의 장부에는 펜을 대지 말라. 그리고 비열한 악마는 쫓아버려라.　☞ 셰익스피어 〈리어 왕〉

극단(極端)을 피하라. 그리고 너무 즐거워하지 않거나 지나치게 즐거워하는 자들이 가진 결점을 피하라.

☞ A. 포우프 〈비평론〉

짖지 않는 개가 더 아프게 문다.　☞ 미상 〈진리의 서(書)〉

자기의 능력과 용기에 대한 너무나 큰 자신감이 그의 불행의 주요 원인이 되었다고 우리는 생각한다.

☞ C. 네포스 〈전기〉

용기 없는 자가 자기의 영광스런 업적을 자랑하면, 낯선 사람은 속일 수 있을지 몰라도 그를 아는 사람들에게는 비웃음거리가 된다.

☞ 파에드루스 〈우화집〉

갑에게는 약이 되는 것이 을에게는 독이 될 수 있다.

☞ J. 테일러 〈전집〉

얼음은 쇠와 용접될 수 없다.

☞ R. L 스티븐슨 〈허미스튼 강둑〉

은혜를 베풀 때는 그것을 결코 기억하지 말고, 은혜를 입었을 때는 그것을 결코 잊지 말라.

☞ 킬론, 아우소니우스 〈칠현인의 금언집〉

은혜는 갚을 수 있는 범위 내에서 받아들여야 한다. 그 한계를 넘어서면 고마운 마음 대신 증오심을 불러일으킬 수 있다.

☞ 타키투스 〈연대기〉

경험은 가장 훌륭한 스승이다. 다만 학비가 비쌀 따름이다.

☞ T. 칼라일 〈잡문집〉

경험 없는 기백은 위험하고, 기백 없는 경험은 불완전하다.

☞ 체스터필드 경 〈서간집〉

파선의 고통을 당해 본 사람은 비록 잔잔한 바람일지라도
바다 위의 항해를 두려워한다. ☞ R. 헤리크 〈파선〉

강을 거슬러 헤엄치는 자가 강물의 세기를 안다.

☞ W. '연설 : 새로운 자유'

상호 신뢰와 상호 협조로써 위대한 업적이 이루어지며, 위대
한 발견도 생긴다. ☞ 호메로스 〈일리아드〉

소찬을 가지고도 호의가 넘쳐흐르면 즐거운 향연이 된다.

☞ 셰익스피어 〈헛소동〉

말은 인간적이고, 야수적이며, 죽은 것이다. 그러나 침묵은
신성이다. 그러기에 우리는 양쪽 기술을 다 배워야 한다.

☞ T. 칼라일 〈일기〉

말은 짧아야 좋고, 그중에서도 오래된 말이 짧을 때 가장 좋다.　　　　　　　　　　　　　　☞ 처칠 '어록'에서

우리가 말한 것보다 갑절로 남의 말을 들으라고, 자연은 우리에게 혀는 하나지만 귀는 둘을 주었다.
　　　　　　　　　　　　　　☞ 에필테투스 〈유고집〉

말을 많이 한다는 것과 잘한다는 것은 별개의 문제이다.
　　　　　　　　　　　　☞ 소포클레스 〈오이디푸스 콜로네우스〉

누구라도 뜻이 있는 말만 하지는 않는다.
또한 자기가 뜻하는 바를 모두 말하는 사람도 거의 없다.
말은 매끄럽고, 생각은 끈적끈적하기 때문이다.
　　　　　　　　　　☞ H. B. 에덤즈 〈헨리 에덤즈의 교육〉

한 발을 한번 헛디디면 금방 일어설 수 있지만, 한번 헛 나온 말은 결코 되찾을 수 없다.　　　☞ T. 풀러 〈금언집〉

네가 어떤 사람에게 말을 할 때는 그의 눈을 보고, 그가 너에게 말을 할 때는 그의 입을 보라.
　　　　　　　　　　☞ B. 프랭클린 〈가난한 리처드의 달력〉

진절머리 나는 사람이 되는 비결은 말하고 싶은 모든 것을 말하는 것이다. ☞ 볼테르 〈벌레들의 인간론〉

말하는 자가 씨를 뿌리면, 침묵을 지키는 자들이 거둬들인다. ☞ J. 레이 〈영국 격언집〉

말은 생각보다 앞서지 않도록 하라. ☞ 디오게네스 라에르티우스 〈킬론〉

모든 말소리는 침묵 속에 사라지지만, 침묵은 결코 사라지지 않는다. ☞ S. M. 해즈먼 〈침묵〉

덕망 있고, 판단력 있고, 분별 있는 사람은 침묵이 있을 때까지는 말하지 않는다. ☞ 사디 〈장미 정원〉

침묵이 절정에 이르렀을 때 당신은 말해야 한다. ☞ E. 보우언 〈파리의 집〉

솔론은 백성을 바다에, 웅변가를 바람에 비유했다. 바람이 바다를 성가시게 굴지 않으면, 바다는 고요하고 조용할 것이기 때문이다. ☞ F. 베이컨 〈금언집〉

웅변 자체의 목적은 진실을 말하는 것이 아니라, 설득을 하는 것이다.　　　　☞ 머콜리 〈수필집〉

침묵을 지킴으로써 수치를 당하기보다는, 잘 말하는 것이 편하다.　　　　☞ 라 로시푸코 〈사후 출판 잠언집〉

스위스의 어떤 비명(碑銘)에 이렇게 새겨져 있다.
"웅변은 은이고, 침묵은 금이다."
나는 오히려 그것을 '웅변은 시간적이고, 침묵은 영원하다'고 표현하고 싶다.　　　　☞ T. 칼라일 〈의복 철학〉

현명하고 세련되고 온화한 대화는 문화인의 최고의 꽃이다.
대화는 우리가 우리 자신을 나타내는 것이다.

☞ 에머슨 〈잡문집 : 여자〉

잡담자는 너에게 다른 사람에 관한 이야기를 하는 자이며, 지루하게 하는 자는 너에게 자기 이야기를 하는 자이다.
훌륭한 대화자는 너에게 너에 관한 이야기를 하는 자이다.

☞ C. 커크 〈뉴욕 저널 아메리칸〉지(誌)에서

농담에는 절제가 반드시 있어야 한다.　　☞ 키케로 〈수사학〉

비통한 자를 괴롭히는 온갖 슬픔 중에서 가장 뼈아픈 것은 모욕적인 농담이다.   ☞ S. 존슨 〈런던〉

다른 사람에게 자기의 이야기를 하지 말라. 그 대신에 그들로 하여금 그들 자신에 관해 이야기하게 하라. 거기에 기뻐하게 하는 모든 기술이 있다.
그러나 사람들은 저마다 이것을 알고 있으면서도 잊는 경우가 많다.   ☞ 콩쿠르 형제 〈관념과 감각〉

어떤 사람과 대화를 하게 되었을 때 가장 먼저 생각해야 될 것은, 그가 당신의 말을 몹시 듣고 싶어 하는가 아니면 당신이 그의 말을 들어야만 하는가 하는 것이다.
    ☞ R. 스딜 경 〈스펙테이터〉지(誌)에서

아무도 그 자리에 없는 사람을 욕하려고 마음먹지 못하도록 하라.   ☞ 프로페르티우스 〈만가집〉

사람이 명예로운 목적을 향해서 전진할 때는, 조소 그 자체를 멸시해야 한다.   ☞ 세네카 〈루킬리우스에의 서한집〉

늙은 소가 가장 곧은 고랑을 만든다.   ☞ J. 하우얼 〈금언집〉

때때로 남을 위한 변명은 해도 좋지만, 결코 자신을 위한 변명은 하지 말라. ☞ 푸블리우스 시루스 〈금언집〉

누구의 말에나 귀를 기울이되, 자신의 의견은 삼가라.
즉 남의 의견은 들어주되, 시비의 판단은 삼가라는 말이다.
☞ 셰익스피어 〈햄릿〉

한 온스의 조심성은 한 파운드의 금의 가치에 해당된다.
☞ T. G. 스몰레트 〈로더리크 랜덤〉

부단한 주의는 적극적인 정신을 쇠약하게 하고, 우리의 능력을 해치며, 공백을 남긴다. ☞ 처칠 '호거드에게 보낸 편지'

원숭이는 최선을 다해도 결코 인간이 되지 않는다.
☞ G. 위더 〈최초의 운수〉

약속을 잘하는 사람은 잊어버리기도 잘한다.
☞ T. 풀러 〈잠언집〉

약속을 지키는 최선의 방법은 약속을 하지 않는 것이다.
☞ 나폴레옹 〈어록〉

사람은 자기를 기다리게 하는 사람의 결점을 계산한다.

☞ 프랑스 격언

자찬하는 사람은 이내 자기를 비웃는 사람을 발견하게 될 것이다.

☞ 푸블리우스 시루스 〈금언집〉

많은 사람이 충고를 받지만, 오직 현명한 사람만이 충고의 덕을 본다.

☞ 푸블리우스 시루스 〈금언집〉

충고를 청하는 것은, 열이면 아홉은 아첨해 달라고 권하는 것이다.

☞ C. 콜린즈 〈금언집〉

충실한 친구의 충고를 취하고, 자신의 가벼움을 그 친구의 비판에 굴복시켜라.

☞ T. 풀러 〈성지〉

가장 훌륭한 벗은 가장 좋은 책이다.

☞ 체스터필드 경 '헌팅든 경에게 보낸 편지'

정직한 사람이 이 세상에서 가장 존경하고 가치 있게 보는 것은 진정한 친구다. 이런 친구는 정직한 사람의 분신이다.

☞ 필페이 〈벗의 선택〉

부모는 보물이요, 형제는 위안이며, 친구는 보물도 되고 위안도 된다.　　　　☞ B. 프랭클린 〈가난한 리처드의 달력〉

너 자신의 친구가 되라. 그러면 다른 사람도 또한 그러하리라.
　　　　☞ T. 풀러 〈잠언집〉

궁핍할 때 돕는 친구야말로 진정한 친구다.
　　　　☞ R. 그레이브즈 〈정신적 키호테〉

불행은 진정한 친구인지 아닌지를 가려준다.
　　　　☞ 아리스토텔레스 〈에우테미 윤리학〉

모든 것이 순조롭고 좋은 상황일 때는 친구가 우리를 알고, 어려운 상황에 놓였을 때는 우리가 친구를 안다.
　　　　☞ C. 콜린즈 〈경구집〉

진실로 그대의 친구라면, 그대가 곤궁할 때 도와주고, 그대가 서러울 때 울어줄 것이며, 그대가 깨어 있을 때 잠들지 못한 채 마음속의 온갖 슬픔을 그대와 함께 나누리라.
이러한 것들이 적과 충실한 친구를 구별해 주는 확실한 표적이다.　　　　☞ R. 반필드 〈정열의 순례자〉

먹고 마시기를 청할 때는 주변에 많은 사람이 있지만, 위급한 상황일 때 관심 갖는 사람은 극히 드물다.

☞ 테오그니스 〈애가〉

착한 사람들과 벗하라. 그러면 너도 그들 중 한 사람이 될 것이다.

☞ 세르반테스 〈돈키호테〉

바르고 공정한 사람을 친구로 가진 것은 값진 재산을 가진 것보다 낫다.

☞ 에우리피데스 〈아에게우스〉

그대가 불운을 당하면, 그대에게 아첨하는 사람들은 멀어지기 십상이다. 말이란 바람처럼 쉬운 것이지만 충실한 친구는 그만큼 얻기 어렵다는 말이다.

그대에게 쓸 돈이 있을 때는 많은 사람들이 그대의 친구가 될 것이지만, 금고가 말라 버렸을 때 그대의 곤궁을 채워주려 하는 사람은 거의 없을 것이다.

☞ R. 반필드 〈다양한 기질〉

친구를 잃지 않는 최상의 길은, 친구에게 아무 빚도 지지 않고 아무것도 빌려주지 않는 것이다.

☞ P. D. 코크 〈트르와 쿨로트에 가까운 남자〉

우리가 살아가는 동안 새로운 교우 관계를 맺지 않으면, 얼마 안 가서 외톨이가 되어 있음을 발견할 것이다.
때문에 사람은 교우 관계를 개선하기 위해 항상 노력해야 한다.　　　　　　　　　　　　　☞ 보즈웰 〈존슨 전〉

친구의 잔치에는 천천히 가되, 불행에는 황급히 가라.
　　　　　　　　　　　　☞ 킬론 스토바에우스 〈적화〉

취미는 바꾸더라도 친구는 바꾸지 말라.
　　　　　　　　　　　　　　☞ 볼테르 〈보관인〉

친구는 은밀히 책망하고, 공개적으로 칭찬하라.
　　　　　　　　　　　☞ 푸블리우스 시루스 〈금언집〉

흰 말과 예쁜 아내를 가지고 있는 자는 두려움과 근심과 질투로 잠을 이루기 어렵다.　☞ J. 플로리오 〈두 번째 열매〉

우정은 이성의 결속이다.　　☞ R. B. 세리던 〈가정교사〉

병은 자각되나, 건강은 전혀 자각되지 않는다.
　　　　　　　　　　　　　　☞ T. 풀러 〈잠언집〉

친구들에게 일체 자신의 비밀을 말하지 않는다면, 그 친구가 적이 되더라도 결코 그를 두려워하지 않을 것이다.
☞ 메난드로스 〈유고집〉

건강한 자는 건강을 모르고, 병자만이 건강을 안다는 것이 의사의 격언이다.
☞ T. 칼라일 〈성격론〉

아침에는 생각하고, 낮에는 일하라. 저녁에는 먹고, 밤에는 자라.
☞ W. 블레이크 〈지옥의 격언집〉

내가 잠들고 있는 한, 나에겐 공포도 희망도 근심도 영광도 없다.
☞ 세르반테스 〈돈키호테〉

음식을 먹고 마시는 것은 건강한 사람에게 크나큰 즐거움이다. 먹는 것을 즐기지 못하는 사람은 어떤 종류의 향락이나 유용함도 받아들일 수 없는 사람이다.
☞ C. W. 엘리어트 〈행복한 인생〉

잘 마시는 자는 잘 자고, 잘 자는 사람은 잘 생각한다. 잘 생각하는 자는 일을 잘하고, 일을 잘하는 자는 잘 마셔야 한다.
☞ 미상 〈충성스런 화환〉

바보는 방황하고, 행복한 사람은 여행한다.

☞ T. 풀러 〈잠언집〉

적당하게 마셔라. 술에 취하면 비밀을 유지하지도, 약속을 지키지도 못하기 때문이다.　　☞ 세르반테스 〈돈키호테〉

우리는 서로의 건강을 위해 축배를 들지만, 그로 인해 자신들의 건강을 해친다.

☞ J. K. 제롬 〈게으른 친구의 게으른 생각〉

세상을 살면서 세 가지 금언을 익혔다.
남을 해치는 소리는 결코 하지 말라. 불평하지 말라. 설명하지 말라.　　☞ R. F. 스콧트

사람을 사귐에 있어서, 우리들의 뛰어난 특성에 의해서보다 우리들의 결점에 의해서 남의 눈에 드는 경우가 도리어 많다.

☞ F. D. 라로슈푸코오 〈도덕적 반성〉

새로운 은혜를 베풀어서, 그것으로써 옛날의 원한을 잊어버리게 할 수 있다는 생각은 큰 착오이다.

☞ N. B. 마키아벨리 〈군주론〉

어려운 일을 당했을 때는 남의 충고를 믿지 말라.

☞ 이솝 〈우화〉

충고해 달라고 하기 전에는 충고하지 말라.

☞ D. 에라스무스 〈아다지아〉

친구의 충고는, 자기 자신의 아첨에 대한 최선의 처방이다.

☞ F. 베이컨

충고는 눈과 같아서, 조용히 내리면 내릴수록 마음에 오래 남고 마음에 먹혀 들어가는 것도 깊어진다.

☞ K. 힐더 '서간문'

충고는 좀처럼 환영받지 못한다. 더욱이 충고를 가장 필요로 하는 사람은 항상 그것을 경원(敬遠)시한다.

☞ 체스터필드 경 〈서간집〉

자기와 다른 사람들을 개선하려고 나라를 떠나는 자는 철학 자이지만, 호기심이란 맹목적인 충격에 의해 이 나라에서 저 나라로 옮겨 다니는 자는 방랑자에 지나지 않는다.

☞ G. 스미드 〈세계 시민〉

사람이 여행을 하는 것은 도착하기 위해서가 아니라 돌아오기 위해서다. ☞ 괴테 〈격언과 반성〉

나에게 있어서 여행은 정신을 다시 젊어지게 하는 샘이다. ☞ 안데르센 〈자서전〉

여행은 인간을 겸허하게 합니다. 세상에서 인간이 차지하고 있는 부분이 얼마나 하찮은가를 두고두고 깨닫게 하기 때문입니다. ☞ G. 플로베르 〈서간집〉

최선인 것을 택하라. 그러면 그것이 자연스럽게 습관이 되어 그것이 좋아지고 편리해진다. ☞ F. 베이컨 〈부모와 자연〉

최선으로 출발한 것은 최악으로 끝날 수 없다. ☞ R. 브라우닝 〈극적 인물〉

가장 많이 생각하고, 가장 고상한 것을 느끼는 사람은 최선의 행동을 한다. ☞ P. J. 베일리 〈축제〉

"이것이 최악이다"라고 말할 수 있는 동안은 아직 최악이 아니다. ☞ 셰익스피어 〈리어 왕〉

최악에 직면한 후 나는 한결 마음이 홀가분해졌으며, 오랫동안 맛보지 못했던 안도감을 만끽했고, 그 후부터는 사물을 제대로 생각할 수 있었다.　　　　　　　☞ 캐리어

네가 만나는 최악의 적은 바로 너 자신일 것이다.
동굴이나 수풀 속에서 너를 기다리게 하는 것 또한 너 자신인 것이다.　　　　　　　☞ 니체

인간에 대한 최악의 죄는 그를 미워하는 것이 아니라 무관심한 것이다.　　　　　　　☞ 버나드 쇼 〈악마의 제자〉

잘못에 대해 변명하면 할수록, 그 잘못은 더욱 크게 눈에 띄는 법이다.　　　　　　　☞ 셰익스피어 〈존 왕〉

지성이 풍부한 사람은 결코 변명 같은 것은 하지 않는다.
　　　　　　　☞ R. W. 에머슨

솔직하고 장부다운 인격에는 변명이 필요 없다.
　　　　　　　☞ R. W. 에머슨

불가능이란 노력하지 않는 자의 변명이다.　　☞ 나폴레옹

변명 중에서도 가장 어리석고 못난 변명은 '시간이 없어서' 라는 변명이다.   ☞ 에디슨

다른 사람이나 사실에서 변명을 찾지 말고, 모든 원인을 자기 자신으로 환원시켜라. 사물의 궁극적인 목표는 바로 자신이기 때문이다.   ☞ A. 슈바이처

국가와 개인

국가도 인간과 마찬가지로 성장기와 성년기, 노쇠기와 쇠망
기를 거친다.   ☞ W. S. 랜더 〈상상적 대화〉

국가의 불의는 국가를 몰락으로 이끄는 가장 빠른 길이다.
                      ☞ W. E. 글래드스토운 '연설'

한 나라를 세우는 데는 일천 년도 부족하지만, 그것을 무너
뜨리는 데는 단 한 시간도 족하다.
                      ☞ 바이런 〈헤롤드 경의 순례〉

불멸의 희망이 없다면, 조국을 위해 스스로 목숨을 바치는
사람은 아무도 없을 것이다.
                      ☞ 키케로 〈투스클라나루스 논총〉

한 국가가 슬픔을 당하는 것보다는 한 개인이 고통을 당하는 것이 낫다. ☞ J. 드라이든 〈앱설름과 아키토펠〉

나는 급료도 보급도 제공하지 않는다. 오직 기아와 갈증과 강행군, 전투 그리고 죽음을 제공할 뿐이다.
그러나 입술에서가 아니라 마음속으로부터 자기의 조국을 사랑하는 자는 나의 뒤를 따르라.
☞ G. M. 트레벨리안 〈가리발디의 로마공화국 사수〉

나는 미국인으로 태어났다. 때문에 미국인으로 살 것이며, 미국인으로 죽을 것이다. ☞ D. 웹스터 '연설'

내가 외국에 있을 때, 나는 내 모국의 정부를 비판하거나 공격하지 않는 것을 원칙으로 삼는다. 그리고 내가 귀국해서는 잃은 시간을 벌충한다. ☞ 처칠 '하원에서의 연설'

나는 나의 조국의 좋은 점을 나의 생명보다 더 깊이, 더 신성하게, 더 심원하게 사랑한다. ☞ 셰익스피어 〈코리올라누스〉

고통 없는 영예 없고, 가시 없는 왕좌 없다.
☞ W. 펜 〈십자가 없는 왕관 없다〉

다른 사람들의 의견이나 비난, 혹은 거짓된 말로 인해 자기의 진로를 변경하는 것은, 스스로가 어떤 직책을 감당하기에 적합지 않다는 것을 나타낸다.　☞〈플루타르코스 영웅전〉

아직도 살아 있는 사회의 부패 중 으뜸가는 징조는 목적이 수단을 정당화시키는 것이다.

☞ G. 베르나노스〈최후 수필집〉

사람이 관직에 눈독을 들인다는 것은, 행위에 이미 부패가 시작되었다는 뜻이다.　☞ T. 제퍼슨 'T. 고욱스에의 서한'

부패는 그 자체가 모든 낭비와 모든 혼란의 근원이 되며, 우리들에게 수천만 원의 빚보다도 더욱 무거운 짐이 된다. 우리의 군대로부터는 힘을, 우리의 의회로부터는 지혜를, 우리 헌법의 가장 존엄한 부분으로부터는 모든 권위와 신용을 빼앗아간다.　☞ E. 버크 '경제 개혁에 관한 연설'

국가는 국가에 봉사할 사람들을 고르는 데 있어서 그 사람들의 의견은 주목하지 않는다. 그들이 충실하게 봉사할 마음만 있으면 그것으로 족하게 여긴다.

☞ O. 크롬웰 '마스틴 황야의 전투를 앞두고'

정부의 임무는 행복을 주는 것이 아니라, 사람들이 스스로 행복을 위해 일할 수 있는 기회를 주는 것이다.
☞ J. 스토리 〈나폴레옹의 생애와 성격〉

공무원은 국민이 만든 법률을 집행하는 국민의 하인이며, 대리인이다.　　☞ G. 클립블런드 '뉴욕 지사 지명 수락 서한'

사람이 공공의 신탁을 떠맡았을 때는, 자신을 공공의 재산으로 생각해야 한다.　　☞ T. 제퍼슨, 레이디 〈제퍼슨 전〉

가장 높은 지위에 있는 사람들과, 가장 큰 권력을 쥔 사람들이 가장 자유가 없다. 가장 많이 관찰되기 때문이다.
☞ J. 틸러트슨 〈회고록〉

비천한 사람이 높은 지위에 올랐을 때보다 더 지독한 고통은 없다.　　☞ 클라우디스아누스 〈에우트로피우스 변호〉

자기의 지위가 자신의 능력보다 낮다고 생각하는 자는 확실히 자기 지위보다 낮게 될 것이다.　☞ 헬리팩스 경 〈작품집〉

국민의 소리는 강력한 힘이다.　☞ 아에스킬루스 〈아가멤논〉

많은 일을 할 수 있는 여론이야말로 세상을 지배하는 위대한 숙녀다.   ☞ J. 하우얼 〈절친한 서한집〉

여론의 흐름에 따르면, 모든 것이 쉬워진다. 여론이야말로 세상의 지배자이기 때문이다.   ☞ 나폴레옹 〈어록〉

비록 공기처럼 가볍게 나타난다 해도, 오늘의 여론은 더 나쁘든 더 좋든 내일의 법률이 될 수 있다.
    ☞ E. 뉴섬 '미국 석유연구소 절보'

질서는 하늘의 으뜸가는 법률이다.   ☞ A. 포우프 〈인간론〉

국가의 명예를 지키는 데 모든 것을 기꺼이 걸지 않는 나라는 존재 가치가 없다.   ☞ 실러 〈오를레안의 젊은 부인〉

내일을 위한 계획을 가지고 있다는 사실에 의해, 국가는 형성되고 생명이 유지되는 것이다.
    ☞ J. 오르테가 이 가세트 〈척추 없는 스페인인〉

진정한 애국심에는 당파가 없다.
    ☞ 스몰테트 〈론셀로트 그리브즈 경의 모험〉

우리는, 모든 국가가 국가 자체의 이익에 따라 국가 정책을 결정한다는 사실을 인식해야 한다.

☞ J. F. 케네디 '모몬 교회에서의 연설'

국가를 구하는 자는 법을 어기지 않는다.

☞ 나폴레옹 〈어록〉

나는 우리나라가 옳기를 바란다. 그러나 옳거나 그르거나 간에, 어쨌든 나는 내 나라 편이다.

☞ J. J. 크리텐든 〈멕시코 전쟁〉

말을 타려면 바싹 붙어 앉고, 사람을 타려면 느슨하게 가볍게 앉으라.

☞ B. 프랭클린 〈가난한 리처드의 달력〉

남을 다스리려는 자는 우선 스스로의 지배자가 되어야 한다.

☞ P. 메신저 〈노예〉

위정자의 행동이 옳으면 명령을 내리지 않아도 국가는 효율적으로 운영될 것이다.
그러나 위정자의 행동이 옳지 않으면 명령을 내려도 백성들이 따르지 않을 것이다.

☞ 펄벅 〈서태후〉

내가 노예가 되려고 하지 않듯, 나는 주인이 되려고도 하지 않는다. 이는 민주주의에 대한 나의 이념이다. 이것이 달라지면, 그 달라진 정도만큼 민주주의가 아니다.　　☞ 링컨

가장 높이 올라가는 자가 자기의 추락을 가장 많이 겁낸다.
　　　　　　　　　　☞ J. 리드게이트 〈소시집(小詩集)〉

진정한 군주의 가장 명백한 기준은 무엇일까?
그것은, 그의 생전은 물론 사후까지도 선량한 만백성이 양심의 가책을 받지 않고 찬양할 수 있는 자라는 것이다.
　　　　　　　　　　☞ D. 크리스토둠 〈제일왕권론〉

자연은 그에 복종하지 않고는 지배되지 않는다.
　　　　　　　　　　☞ F. 베이컨 〈학문의 진보〉

이 나라 민주 시민으로서의 당신들은, 통치자인 동시에 피통치자이며 입법자인 동시에 준법자이며 시작인 동시에 끝이다.
　　　　　　　　　　☞ A. 스티븐슨 '시카고에서의 연설'

진보로 통하는 가장 훌륭한 길은 자유의 길이다.
　　　　　　　　　　☞ J. F. 케네디 '의회에 보낸 메시지'

친애하는 국민들이여! 당신의 조국이 당신을 위해 무엇을 할 수 있는가를 묻지 말고, 당신이 당신의 조국을 위해 무엇을 할 수 있는가를 물으라.　☞ J. F. 케네디 '대통령 취임사'

세상을 개혁하는 유일한 방법은, 자기에게 가장 가까이 있는 일을 하는 것이다. 또한 자기 힘에 벅차거나 무리한 일을 추구하지 않는 것이다.　☞ C. 킹즐리 〈서간과 회상〉

돈이 없는 자는 화살 없는 활과 마찬가지다.
☞ T. 풀러 〈금언집〉

돈의 가치를 알고 싶으면 돈을 꾸러 가 보라.
☞ B. 프랭클린 〈가난한 리처드의 달력〉

돈은 빌려주지도 말고 빌리지도 말라.
빌린 사람은 기가 죽고, 빌려준 사람도 자칫하면 그 본전은 물론 그 친구까지도 잃게 된다.　☞ 셰익스피어

돈 빌려달라는 것을 거절함으로써 친구를 잃는 일은 적지만, 반대로 돈을 빌려줌으로써 도리어 친구를 잃기 쉽다.
☞ 쇼펜하우어 〈인생의 지혜에 관한 금언집〉

황금은 하느님의 대문 외엔 어느 대문이나 들어간다.

☞ J. 레이 〈영국 격언집〉

황금은 모든 자물쇠를 연다. 그렇듯이, 황금의 힘에 열리지 않는 자물쇠는 없을 것이다.　　☞ G. 허버트 〈명궁〉

말로 되지 않는 것이라도 황금으로는 될 수 있다.

☞ E. 워드 〈런던의 스파이〉

황금의 힘은 스무 명의 웅변가와 맞먹는다.

☞ 셰익스피어 〈리처드 3세〉

황금이 말문을 열면, 혀는 힘을 잃는다.

☞ M. 구앗조 〈공손한 대화〉

황금은 형제들 사이에 증오를 낳고, 가족들 사이에 알력을 낳는다. 황금은 우정을 끊고 내란을 일으킨다.

☞ A. 카울리 〈아나크레온 시〉

돈지갑의 밑바닥이 드러났을 때의 절약은 이미 늦은 행위다.

☞ 세네카 〈루킬리우스에의 서한집〉

저축은 개인뿐만 아니라 사회를 부유하게 하고, 소비는 개인
뿐만 아니라 사회를 가난하게 한다.
또한 돈에 대한 효과적인 사랑이 모든 경제적 행복의 근원이
라는 주장도 일반적으로 정의될 수 있는 것이다.

☞ J. M. 케인즈 〈고용 이자 및 화폐의 일반이론〉

자기가 버는 것을 전부 쓰는 사람은 거지가 되어 가는 도중
에 있다.　　　　　　　　　　　　☞ S. 스마일즈 〈검약론〉

근면은 부유의 오른손이요, 절약은 그 왼손이다.

☞ J. 레이 〈영국 격언집〉

검약의 미덕에 너그러움이 따른다면 두 가지가 좋다.
하나는 불필요한 경비를 절약하는 것이고, 또 하나는 그것을
필요로 하는 사람들을 위해 쓰는 것이다.
후자가 없는 전자는 탐욕을 낳고, 전자가 없는 후자는 낭비
를 낳는다.　　　　　　　　　　　☞ W. 팬 〈고독의 열매〉

절약은 제일의 수익이다.　　　　☞ J. 샌드포드 〈오락 시간〉

검약은 멋진 수입이다.　　　　　☞ 에라스무스 〈사담집〉

탐욕은 낭비를 부르고 낭비는 구걸을 낳으며, 구걸은 착한 남편과 그의 아내를 싸우게 한다. ☞ J. 레이 〈영국 격언집〉

빚을 얻으러 가는 사람은 슬픔을 얻으러 가는 것과 다름없다.
☞ T. 터서 〈좋은 남편이 되는 100가지 방법〉

한 사람이 당신에게 돈을 갚아야 하는데 그가 이행하지 못한다면, 그 사람 앞을 지나가지 말라. ☞ 〈팔레스타인 율법서〉

누구에게도 빚을 지지 아니한 자야말로 세상을 떳떳이 볼 자격이 있다. ☞ 롱펠로우 〈시골 대장장이〉

빚을 갚는 데는 두 가지 방법뿐이다.
하나는 보다 부지런히 일해서 수입을 늘이는 것이고, 또 하나는 보다 검약하게 생활하여 지출을 줄이는 것이다.
☞ T. 칼라일 〈과거와 함께〉

빚을 얻으러 가기보다는 차라리 저녁을 굶고 자거라.
☞ B. 프랭클린 〈가난한 리처드의 달력〉

고통 없는 빈곤이 부(富)보다 낫다. ☞ 메난드로스 〈단편집〉

다른 사람의 보증을 서면 곧 손해를 본다.
☞ R. 태버너 〈격언집〉

'하늘은 스스로 돕는 자를 돕는다'는 말은 오랜 세월을 거쳐 전해져 온 격언으로서, 인류가 대대로 경험한 결과를 간결하게 구상화한 것이다.
자조 정신은 개인을 지탱하는 근본으로, 많은 사람의 생활 속에서 발휘될 뿐 아니라 국가의 활력과 힘의 근원이 된다.
☞ S. 스마일즈 〈자조론〉

당신이 가난하게 되면 형제는 당신을 증오하고, 당신의 모든 친구들은 당신에게서 도망간다.   ☞ 초서 〈법률가의 서장〉

가난한 사람은 덕행으로, 부자는 선행으로 이름을 떨쳐야 한다.   ☞ 주베르 〈명상록〉

가장 비참한 가난은 외로움, 그리고 사랑 받지 못하고 있다는 느낌이다.   ☞ 마더 테레사 수녀

진실을 말한다 하더라도, 가난한 사람의 말은 아무도 믿어주지 않는다.   ☞ 메난드로스 〈단편집〉

가난한 사람은 신용이 없다.　　☞ 아우소니우스 〈경구집〉

만족한 작은 집, 잘 경작된 작은 땅 그리고 착하고 욕심 없는 처는 큰 재산이다.　　☞ J. 레이 〈영국 격언집〉

부(富)는 보물의 소유에 있는 것이 아니고, 그 보물을 사용하는 데 있다.　　☞ 나폴레옹 〈어록〉

아무리 강력한 법이라도 게으름뱅이를 부지런하게, 낭비가 심한 사람을 검약하게, 술꾼을 술을 마시지 않게 할 수는 없다.
이러한 교정은 큰 권력에 의해서라기보다는 보다 좋은 습관에 의해서, 즉 개인적 행동과 경제 그리고 극기라는 방법에 의해서 성취될 수 있을 뿐이다.　　☞ S. 스마일즈 〈자조론〉

부러지는 것보다 휘는 것이 낫다.　　☞ J. 헤이우드 〈격언집〉

위험은 얕잡아봄으로써 더 커진다.　　☞ E. 버크 '연설'

위험은 미리 예견할수록 더 빨리 막을 수 있다.
　　☞ R. 프랭크 〈북녘의 회상〉

위험은 경멸당할수록 더 빨리 온다.

☞ 푸블리우스 시루스 〈금언집〉

안전할 때도 경계하는 자는 위험으로부터도 안전하다.

☞ 루블리우스 시루스 〈금언집〉

확신하는 자는 안전하지 않다.

☞ B. 프랭클린 〈가난한 리처드의 달력〉

땅바닥에 누워 있는 자는 더 이상 떨어질 곳이 없다.

☞ 알랭 드 릴 〈우화집〉

책임은 다른 사람과 나누어 질 수 없다.

☞ A. 브라운 〈산업 조직〉

책임의 본질은 이를 수행하는 사람을 바꾼다고 해서 변하는 것이 아니다.

☞ A. 브라운 〈산업 조직〉

결단은 어떤 일을 시작하게 만드는 불꽃과도 같다.
결단하기 전까지는 아무런 일도 일어나지 않는다.

☞ 윌프레드 피터슨

좋은 시작은 좋은 결과를 가져온다.

☞ J. W. 워터 〈늙은 시종의 최후〉

훌륭한 결과는 훌륭한 시작에서 생긴다.

☞ J. 헤이우드 〈격언집〉

일을 시작하는 것은 그것을 끝마치는 것보다 훨씬 더 쉽다.

☞ 플라우스트 〈포에눌수스〉

오직 열중하라, 그러면 마음이 달아오를 것이다. 시작하라,
그러면 그 일은 완성될 것이다.　　☞ 괴테 〈파우스트〉

행운의 여신이 눈멀었다는 비난을 가끔 받는데, 실상은 사람
들처럼 눈멀지 않았다.
바람과 파도가 가장 훌륭한 항해자 편에 있는 것처럼, 행운
또한 대개는 근면한 사람 편에 있음을 우리는 보아오지 않았
는가.　　☞ S. 스마일즈 〈자조론〉

꾸물거리지 말라!
위대한 행운의 기회는 결코 길지 않다.

☞ 실리우스 이탈리쿠스 〈푸니카〉

어리석은 자는 일의 시작에만 주의를 기울이지만, 현명한 자는 그 결과에 유의한다. ☞ 미상 〈창조물의 대화〉

오늘은 오늘 일만 생각하고, 한 번에 모든 것을 하려고 하지 않는 것, 이것이 현명한 사람의 방법이다.
☞ 세르반테스 〈돈키호테〉

인생을 사랑하는가, 그렇다면 시간을 낭비하지 말라. 시간은 인생을 이루는 요소이다.
☞ B. 프랭클린 〈가난한 리처드의 달력〉

나쁜 짓, 어리석은 짓을 해서는 안 된다고 잘 알면서도, 그래도 또 저지르는 것이 인간이다. ☞ 에드거 앨런 포우

나의 최고 이론을 말한다면, 인류는 다른 두 종족으로 구별된다. 빌리는 인간과 빌려주는 인간으로. ☞ C. 램

사람들 가운데 가장 쓸모 있는 사람은 사람들로부터 멀리 떨어져 있는 사람이다. ☞ 칼릴 지브란

사람은 위대한 것보다는 새로운 것을 찬양한다. ☞ 세네카

사람은 달이다. 저마다 감추려는 어두운 면이 있다.

☞ 마크 트웨인

사람은 덕보다도 악으로 더 쉽게 지배된다.

☞ B. 나폴레옹 〈어록〉

사람들 중에는 아직 피를 보지 않은 살인자들과, 아무 것도 훔치지 않은 도둑들과, 지금까지 진실만 얘기해온 거짓말쟁이들이 존재한다.

☞ 칼릴 지브란

사람은 자기 일보다 남의 일을 더 잘 알고 더 잘 판단한다.

☞ 테렌티우스

사색을 할 동안 인간은 신과 같이 된다. 그러나 행동과 욕망에서는 환경의 노예일 뿐이다.

☞ 윌리엄 러셀

세계는 하나의 무대. 모든 인간은 남자나 여자나 배우에 불과하다.

☞ 셰익스피어

인간은 '방랑'에 대한 동경과 '고향'에 대한 동경을 동시에 가지고 있다.

☞ 게오르크 짐멜

인간은 얼마나 가난하고, 얼마나 풍요하고, 얼마나 비굴하고, 얼마나 당당하고, 얼마나 복잡하고, 얼마나 멋진 존재인가.
☞ 에드워드 영

참으로 사람이라고 부르기에 부끄럽지 않은 사람은 자기의 일신을 돌보지 않고 남을 위해 일하는 사람이다. ☞ 스코트

가장 길게 우회하는 길이, 집에 가는 가장 가까운 길이다.
☞ H. G. 보운 〈외국 격언집 : 이탈리아 편〉

작은 불똥에서 큰 불이 날 수 있다. ☞ 단테 〈신곡〉

대홍수도 하찮은 샘에서 일어났다.
☞ 셰익스피어 〈끝이 좋으면 모두 좋다〉

작은 물방울, 작은 모래알이 거대한 대양과 항구한 대륙을 만든다.
그렇듯이, 작은 분초(分秒)가 영원하고 거대한 시대를 만든다.
☞ J. 카니 〈작은 것들〉

9

예술과 문화

모든 예술은 자연의 모방에 불과하다.

☞ 세네카 〈루킬리우스에의 서한집〉

사랑 없는 이야기는 겨자 없이 먹는 고기처럼 맛이 없다.

☞ A. 프랑스 〈천사들의 모반〉

훌륭한 작가가 되기를 원하거든, 써라!

☞ 에픽테토스 〈어록〉

책은 위대한 천재가 인류에게 남겨주는 유산이며, 그것은
아직 태어나지 않은 자손들에게 주는 선물이다. 이는 한 세
대에서 다른 세대로 전달된다.

☞ J. 에디슨 〈스펙테이터〉지(誌)에서

기록하고 펼쳐서, 이익을 얻고 덮는 책이 양서이다.

☞ A. B. 올커트 〈개화〉

불에 집어넣으려고 하다가 재빠르게 다시 손에 움켜쥐는 책이야말로 무엇보다도 쓸모 있는 책이다.

☞ 호킨슨 〈격언집〉

책만큼 매력 있는 가구는 없다.

☞ S. 스미드 〈홀런드 부인 회상록〉

책 없는 방은 영혼 없는 육체와 같다.

☞ 루보크 〈생의 기쁨〉

돈이 가득 찬 지갑보다 책이 가득 찬 서재를 갖는 것이 훨씬 좋아 보인다.

☞ J. 릴리 〈유퓨즈〉

책 욕심으로 책이 가득한 잘 구비된 서재를 가지고서도 머릿속은 아는 것 없이 텅 비어 있는 사람들처럼 되지 말라. 많은 책을 가지고 싶어 하면서도 결코 그것을 이용하지 않는 것은, 잠자는 동안 줄곧 자기 곁에 촛불을 켜두기를 원하는 어린아이와 같다.

☞ H. 피침 〈완전한 신사〉

시간과 장소와 행동은 노력으로 얻을 수 있다. 하지만 천재는
타고 나는 것이지, 교육으로 이루어지는 것이 결코 아니다.
☞ J. 드라이든 '콘그리브에게 보낸 편지'

천재는 그가 해야 할 것을 하고, 재사(才士)는 그가 할 수
있는 것을 한다.
☞ O. 메런디드 〈다정한 2류 시인의 마지막 말〉

남이 어렵게 보는 일을 쉽게 하는 사람이 재사(才士)이며,
재사에게 불가능한 일을 하는 사람이 천재이다.
☞ 아미엘 〈일기〉

예술은 인간이 자기를 표현하고자 하는 욕망이며, 자신이
살고 있는 세상에 대한 자신만의 느낌을 기록하려는 욕망이다.
☞ A. 로우얼 〈현대 미국의 시의 경향〉

우연히 이루어진 것은 예술이 아니다.
☞ 세네카 〈루킬리우스에의 서한집〉

예술은 길고, 인생은 짧다. 판단은 어렵고, 기회는 순간적이다.
☞ 괴테 〈빌헤름 마이스터의 수업 시대〉

예술이란 작가가 자신의 경험에 양식을 부여한 것이며, 우리가 그 양식을 알아봄으로써 미학적으로 즐기는 것이다.
☞ A. N. 화이트헤드 〈A. N. 화이트헤드의 대화〉

미적 감정은 인간을 성적(性的) 감정의 수용을 좋아하는 상태로 몰아넣는다. 예술은 사랑의 공범자이다. 사랑을 물리치면 예술은 더 이상 없다.
☞ R. D. 구르몽 〈퇴폐성〉

결코 예술이 대중성을 갖도록 노력해서는 안 된다. 대중 자신이 스스로 예술적으로 되도록 노력해야 한다.
☞ 오스카 와일드 〈사회주의적 인간의 영혼〉

예술의 궁극적 역할은, 사람들이 자기가 아는 것을 인식하도록 하는 것이다. 또한 그들로 하여금 하고자 하는 바를 하도록 자극하는 것이다.
☞ M. 블롱델 〈행동 철학〉

예술은 경험보다 고상한 형태의 지식이다.
☞ 아리스토텔레스 〈형이상학〉

꽃을 주는 것은 자연이지만, 그 꽃을 따서 화환으로 만드는 것은 예술이다.
☞ 괴테 〈시집〉

세상에서 빠져나가는 데 예술처럼 확실한 길은 없다. 또 세상과 관련짓는 데 예술처럼 적당한 길도 없을 것이다.

☞ 괴테

예술은 모방이 끝나는 곳에서 시작된다.

☞ 오스카 와일드 〈옥중기〉

펜은 마음의 혀이다.　　　　　☞ 세르반테스 〈돈키호테〉

문학자의 가장 중요한 역할은 자기의 예술에 대한 책임이다.

☞ T. S. 엘리어트 〈지평선〉

문학은 항상 인생을 예측한다. 문학은 인생을 복제하지는 않지만 그 목적에 인생을 주조한다.

☞ 오스카 와일드 〈퇴폐〉

문학이 타락했다고 말하지만, 그것은 인간이 타락한 만큼 타락된 것에 불과하다.　　　　　☞ 괴테

교육은 신사를 창조하고, 독서는 좋은 친구를 창조하며, 완성은 완벽한 인간을 창조한다.　　　　　☞ J. 록

한 작가가 살아 있을 때, 우리는 그의 가장 못한 작품으로 그를 평가한다. 그러나 그가 죽으면 그의 가장 뛰어난 작품으로 그를 평가한다.　　　　　☞ S. 존슨 〈전집〉

열쇠가 상자를 열듯이, 문학은 마음을 연다.
　　　　　☞ J. 하우얼 〈총명한 독자에게〉

격언이란 오랜 경험에 기초한 짧은 문장이다.
　　　　　☞ 세르반테스 〈돈키호테〉

한 민족의 특성과 기지와 정신은 그 민족의 격언에서 발견된다.
　　　　　☞ F. 베이컨 〈수필집〉

쓰려고 하는데도 쓸 수 없는 자는 틀림없이 비평할 수 있다.
　　　　　☞ J. R. 로우얼 〈비평가를 위한 우화〉

사람이 미련하면 다른 사람의 가시 돋친 풍자의 대상이 된다.
　　　　　☞ E. P. 애덤즈 〈손짓과 몸짓〉

상상(想像)은 이성의 힘이 약한 것에 비례하여 강해진다.
　　　　　☞ G. 비코 〈신과학〉

은유(隱喩)는 인간이 소유하고 있는 능력 중 가장 창조력이
풍부한 것이 아닐까 싶다.

☞ J. 오르테가 이 가세트 〈예술의 인간성 말살〉

역설(逆說)이란 성인이 말하는 것이다. 어린 것이 말하면 큰
거짓말이라고 불린다.

☞ A. 린클레터 〈허위 정보의 어린이 정원〉

훌륭한 유머는, 사람이 사회에서 입을 수 있는 가장 훌륭한
의복의 하나라고 말할 수 있다.

☞ W. M. 대키리 〈의복과 화장〉

음악은 마음의 상처를 고쳐주는 약이다.

☞ W. 헤든 〈단시집(短詩集)〉

훌륭한 그림은 훌륭한 요리와도 같아서, 맛볼 수는 있어도
설명할 수는 없다.   ☞ M. D. 블라맹크 〈그림에 대하여〉

실로 우리의 존재란, 반 이상이 모방에 의한 것이다. 중요한
것은 좋은 본보기를 골라 세심하게 연구하는 것이다.

☞ 체스터필드 경 〈서간집〉

시가(詩歌)가 운율의 언어인 것처럼, 춤은 운율의 보조(步調)
이다.   ☞ F. 베이컨 〈학문의 진보〉

초기의 인상(印象)을 마음속에서 지워버리기는 쉽지 않다.
양털이 일단 자줏빛으로 물들면, 누가 그것을 처음의 흰빛으
로 돌이킬 수 있겠는가?   ☞ 성 제롬 〈서간집〉

10

인생과 종교

지식은 사랑의 어버이요, 지혜는 사랑 그 자체이다.
☞ J. C. 헤어 & A. W. 헤어 〈진리의 추론〉

두뇌[知力]는 지각(知覺)의 성(城)이다.
☞ S. 플리니우스 〈자연의 역사〉

유일한 선(善)이 있는 바, 그것은 지식이다.
유일한 악(惡)이 있는 바, 그것은 무지(無知)이다.
☞ 소크라테스

지식욕(知識慾)은 인간 본연의 감정이다. 그러하기에 마음이
타락하지 않은 자라면, 지식을 얻기 위해 가지고 있는 모든
것을 기꺼이 내놓을 것이다.   ☞ 보즈웰 〈존슨 전〉

자각의 첫 단계는 자기불신이다. 이와 같은 과정을 밟지 않고서는 어떤 지식도 얻을 수 없다.

☞ J. C. 헤어 & A. W. 헤어 〈진리의 추론〉

아름다움은 신(神)이 준 것이지만, 지식은 시장에서 구입된다.

☞ A. H. 클러프 〈토버 나 부올리치의 보티 섬〉

너의 근원을 생각하라. 너는 야수처럼 살도록 태어난 것이 아니라, 덕(德)과 지식을 추구하도록 태어났다.

☞ 단테 〈신곡 : 지옥편〉

지식은 고생함으로써 시작되고, 인생은 죽음으로써 완성된다.

☞ E. B. 브라우닝 〈시인의 통찰력〉

지식은 신사의 시작이고, 신사로서의 완성은 대화이다.

☞ T. 풀러 〈잠언집〉

양심이 없는 지식은 인간의 영혼을 망친다.　☞ E. R. L.라브레

정의를 떠난 지식은, 지식이라기보다는 교활함이라고 일컫는 편이 낫다.

☞ 키케로 〈의무론〉

진정한 지식은 사람을 겸손하고 세심하게 만든다.
건방지고 주제넘은 행동은 무식함의 표현일 뿐이다.
☞ J. 글랜빌 〈과학적 회의〉

우리들은 별로 알지 못한다고 할 때에만 정확하게 안다. 의심은 지식과 함께 증가하기 때문이다.
☞ 괴테 〈산문 금언집〉

하나의 일에 관해 모든 것을 알기보다는 모든 일에 관해 조금씩 아는 편이 훨씬 낫다. 그것이 세상을 사는 데 유익하기 때문이다.
☞ B. 파스칼 〈명상록〉

조금 아는 사람들은 대부분 말을 많이 하고, 많이 아는 사람들은 말을 조금 한다.
☞ 루소 〈에밀 : 교육론〉

지식인인 체하는 사람은 자기의 지능 이상으로 교육을 받은 사람이다.
☞ J. B. 매듀즈 〈경구〉

교육은 젊은이들에게는 억제하는 효력이 있고, 노인들에게는 위안이 되어 주며, 가난한 사람들에게는 재산, 부자들에게는 장식품이 되어 준다.
☞ 디오게네스 〈디오게네스〉

교육이 어느 방향으로 인간을 출발시키느냐에 따라 그 사람의 장래가 결정된다. ☞ 플라톤 〈국가론〉

교육은 국민을 이끌기 쉽게 만들고, 강요하기 어렵게 만든다. 즉 통치하기 쉽게 만들며, 억압하기 불가능하게 만든다. ☞ 브룸 경 '하원에서의 연설'

다른 사람의 위험에서 자신에게 이익이 되는 교훈을 끌어내라. ☞ 테렌티우스 〈자학자〉

마땅히 행할 길을 아이에게 가르쳐라. 그리하면 늙어도 그것을 망각하지 않으리라. ☞ 〈구약성경 : 잠언 22. 6〉

훌륭한 말[馬]이 되게 하는 것은 고삐와 박차다. ☞ T. 풀러 〈금언집〉

살아 있는 한, 줄곧 사는 법을 배워라. ☞ 세네카 〈루킬리우스에의 서한집〉

나는 배우기 위해서 사는 것일 뿐, 살기 위해서 배우지는 않는다. ☞ F. 베이컨 '국왕 제임스 1세에게 보낸 서한'

아예 배우지 않는 것보다, 늦게라도 배우는 편이 낫다.
☞ 클로에불르스, 스토바에우스 〈적화〉

젊을 때에 배움을 소홀히 하는 자는 과거를 상실하고, 미래
에는 죽은 삶을 산다. ☞ 에우리피데스 〈프릭쿠스〉

조금 알기 위해서라도 공부는 많이 해야 한다.
☞ 몽테스키외 〈명상록과 판단집〉

공부만 하고 놀지 않으면 바보가 된다.
☞ J. 하우얼 〈격언집〉

인간은 가르치는 동안에 배운다.
☞ 세네카 〈루킬리우스에의 서한집〉

창조적 표현과 지식으로 기쁨을 깨닫게 하는 것이 교사의
으뜸가는 기술이다. ☞ 아인슈타인

교양은 호기심에서 비롯되는 것이 아니라, 완전에 대한 사랑
에서 비롯된다. 그것이 바로 완전의 연구이다.
☞ M. 아널드 〈문화의 무질서〉

교육의 뿌리는 쓰지만, 그 열매는 달다.　☞ 아리스토텔레스

사람은 날마다 약간의 노래를 듣고, 좋은 시를 읽고, 훌륭한 그림을 보고, 또 가능하다면 몇 마디의 합당한 말을 해야 한다.　☞ 괴테 〈빌헤름 마이스터의 수업 시대〉

산다는 것은 천천히 태어나는 것이다.
☞ 생텍쥐페리 〈야간 비행〉

이성은 사고함으로써 세상을 파악하는 인간의 능력이다. 지성은 사고의 도움을 받아 세상을 조정하는 능력이다.
☞ E. 프롬 〈건전한 사회〉

이성을 응용하여 자신의 감정을 지배하는 능력이야말로 지능적인 사람이란 증거이다.　☞ M. 매너즈 〈분노의 가중〉

하나의 훌륭한 머리가 백 개의 강한 손보다 낫다.
☞ T. 풀러 〈금언집〉

훌륭한 정신을 가진 것만으로는 충분하지 않다. 중요한 것은 그것을 잘 이용하는 것이다.　☞ R. 데카르트 〈방법론〉

언젠가 날기를 원한다면 우선 서고, 걷고, 달리고, 오르고, 춤추는 것을 배워야 한다. 사람은 곧바로 날 수 없기 때문이다.
☞ 니체 〈차라투스트라는 이렇게 말했다〉

언어는 인류의 기억이다. 언어는 모든 시대를 관통하여 각 시대를 하나의 공통선상에 묶어 준다. 또한 전진하는 존재로 연결하는 생명의 실오라기나 신경과도 같다.
☞ W. 스미드 〈돈테일〉

언어에 있어서의 모든 중대한 발전은 훌륭한 감정의 발달을 아울러 가져온다.
☞ T. S 엘리어트 〈필립 메신저〉

살아 있는 유일한 언어는, 그 속에서 우리가 생각하고 그 속에서 우리의 생존을 지키는 그런 언어이다.
☞ A. 마차도 〈마이레나의 돈환〉

한 마디 말로 입히는 상처가 칼로 한 번 휘두르는 상처보다 더 깊다.
☞ R. 버튼 〈우울의 해부〉

한 입에서 나오는 것이 백인의 귀로 들어간다.
☞ E. 브라머 〈카이 륜의 황금시대〉

사람의 말씨는 그 사람의 마음이 반영된 소리이다.

☞ 에머슨 〈일기〉

말은 인간을 숨쉬게 하기 위해서가 아니라 터놓게 하기 위해서 만들어졌고, 배반하기 위해서가 아니라 교제를 진행시키기 위해 만들어졌다.

☞ 휘트워드 〈종교 개혁 이후 영국의 정치가〉

말의 진정한 사용은, 우리의 욕망을 표현하기보다는 숨기는 것이다.

☞ 골드스미스 〈벌〉

성공은 다음 세 가지 일에 달렸다.
누가 말하는가, 무엇을 말하는가, 어떻게 말하는가.
이 셋 중에서 무엇을 말하는가가 가장 덜 중요하다.

☞ J. 블랙번 〈몰리 자작 회고록〉

말하는 것은 지식의 영역이고, 듣는 것은 지혜의 특권이다.

☞ O. W. 호움즈 〈아침 식탁의 시인〉

질문에 용감해라! 즉 자기의 무식을 폭로하는 데 용감해지라는 말이다.

☞ 에머슨 〈문학과 사회 목적〉

무지의 가장 큰 기쁨은 질문하는 기쁨이다.
이 기쁨을 잃었거나 그것을 독단의 기쁨, 즉 대답의 기쁨으로 바꾼 사람은 벌써 완고해지기 시작한 것이다.
☞ R. 린드 〈나는 생각하고 있었다〉

사상은 언어보다 깊고, 감정은 사상보다 깊다.
☞ F. 베이컨 〈수필집〉

사람은 생각하는 한 자유롭다.　　☞ 에머슨 〈처세론〉

약간의 예외를 허용치 않는 규칙은 일반적일 수 없다.
☞ R. 버튼 〈우울의 해부〉

규칙과 교훈은 자연적인 포용력이 없으면 무가치하다.
☞ 쿠인틸리아누스 〈변술론 교정〉

자기의 운명에 만족하는 사람도 없고, 자기의 지성에 불만을 느끼는 사람도 없다.　　☞ A. 데줄리에르 〈경구〉

지성인은 자기 마음으로 자기 자신을 관찰하는 그런 사람이다.
☞ A. 카뮈 〈비망록〉

우리의 지성은 유한(有限)이다. 그러나 이 유한한 환경 속에서도 우리는 무한(無限)의 가능성에 둘러싸여 있다. 또한 인간 생활의 목적은 그 무한으로부터 가능한 한 많이 파악하는 것이다.　　☞ A. N. 화이트헤드 〈A. N. 화이트헤드의 대화〉

지성은 아무것도 가진 것이 없는 사람에겐 보이지 않는다.
　　☞ 쇼펜하우어 〈타인과의 관계〉

지성인에는 세 가지 부류가 있다.
첫째는 혼자서 이해하는 사람이요, 둘째는 다른 사람이 이해하는 것을 알아채는 사람이요, 셋째는 혼자서도 이해하지 못하고 다른 사람의 가르침을 통해서도 이해하지 못하는 사람이다.
그중 첫째가 가장 뛰어나고, 둘째는 좋으며, 셋째는 쓸모가 없다.　　☞ N. 마키아벨리 〈군주론〉

신이 창조의 날에 만드신 것들 중에서 최초의 것은 감각의 빛이고, 최후의 것은 이성의 빛이다.　　☞ F. 베이컨 〈수필집〉

이성(理性)은 지성의 승리이며, 신앙은 마음의 승리이다.
　　☞ J. 슐러 〈미국사〉

역경에 처해 있을 때는 차분한 마음을 간직하도록 노력해라. 마찬가지로 영화를 누릴 때는 거만한 기쁨으로 인해 마음이 해이해지는 것을 경계해라. ☞ 호라티우스 〈애송 시집〉

이성은 억제하는 것이요, 자비는 용서하는 것이다. 이성은 법률이지만, 자비는 특권이다.

☞ J. 드라이든 〈암사슴과 표범〉

인간의 이성과 짐승의 본능 간의 분명한 차이는 이것이다. 즉 짐승은 알지 못하고 행하지만, 인간은 자기가 안다는 사실을 알고 있다는 것이다. ☞ J. 던 〈설교집〉

모든 일을 자신에게 굴복시키기를 바라거든 자신을 이성에 복종시켜라. ☞ 세네카 〈루킬리우스에의 서한집〉

이성이 있고 그것을 아는 자는, 이성이 없고 모르는 자 열 명을 언제나 당해낼 수 있다. ☞ 버나드 쇼 〈사과 마차〉

우리가 내린 취소할 수 없는 결정은, 대부분이 견딜 수 없는 마음의 상태에서 어쩔 수 없이 저질러진 것이다.

☞ M. 프루스트 〈지난 일의 회상〉

인간이 그른 데서 옳은 것을 가려낼 수 있는 능력은 인간의
이성이 다른 생물보다 우수하다는 것을 증명한다.
그러나 인간이 나쁜 짓을 할 수 있다는 사실은 그런 짓을
할 수 없는 다른 생물보다 도덕심이 열등하다는 것을 증명한다.
☞ 마크 트웨인 〈인간이란?〉

'일을 어떻게 시작할까' 하고 생각하다 보면, 그 일의 시작은
너무 늦어지고 만다.　　　☞ 쿠인덜리아누스 〈변술론 교정〉

의견은 궁극적으로 감성에 의해 결정되지, 지성에 의해 결정
되지 않는다.　　　　　☞ H. 스펜서 〈사회학 원리〉

의견 일치는 의견의 불일치로 인해 더욱 귀중하게 여겨진다.
☞ 푸블리우스 시루스 〈잠언집〉

우리는 자신이 할 수 있다고 느끼는 것에 의해 자기 자신을
판단한다. 반면에 다른 사람들은 우리가 이미 한 것에 의해
우리를 판단한다.　　　　　☞ 롱펠로우 〈카바나〉

조급히 판단하는 자는 후회를 재촉한다.
☞ 푸블리우스 시루스 〈금언집〉

대부분의 사람들은 인간을 평판이나 재산으로만 판별한다.
☞ 라 로시푸코 〈금언집〉

인간의 판단은 운명이 기대는 쪽으로 기울어진다.
☞ G. 채프먼 〈미망인의 눈물〉

자기 멋대로의 저울 눈금으로 자신을 저울질하지 말고, 분별
있는 판단이 자기 시비의 표준이 되도록 하라.
☞ T. 브라운 경 〈기독교인의 도덕〉

우리가 이 나라에서 말로 하지 못할 정도로 귀중한 것 세
가지를 가지고 있는 것은 하느님의 덕이다.
그것은 언론의 자유, 양심의 자유, 그 둘 중 아무것도 실천하
지 않는 분별력이다. ☞ 마크 트웨인 〈바보 윌슨〉

교활한 사람은 학문을 경멸하고, 단순한 사람은 학문을 찬양
하며, 현명한 사람은 학문을 이용한다.
☞ F. 베이컨 〈수필집〉

학식은 착한 자를 더 착하게, 악한 자를 더 악하게 한다.
☞ T. 풀러 〈금언집〉

보통 사람은 정신이 아닌 색정적 육체로써 파멸한다.
반면, 학자는 육체를 도외시하고 지나치게 정신적인 것만을
열망함으로써 파멸한다.　　　☞ G. C. 리히텐베르그 〈경구집〉

세상의 위대한 인물이 흔히 말하는 위대한 학자가 아니었듯
이, 위대한 학자가 반드시 위대한 인물도 아니었다.
　　　　　　　　　☞ O. W. 호움즈 〈아침 식탁의 독재자〉

태양 아래에서 일어나는 모든 것은 일이다.
잠잘 때까지 땀 흘려서 일해라!　　☞ G. 뷔히너 〈보이체크〉

실례(實例)는 언제나 교훈보다 더 효과적이다.
　　　　　　　　　　　☞ S. 존슨 〈라셀라스〉

하나의 예는 또 하나의 선례(先例)가 되고, 그것들이 쌓여서
법률을 구성한다. 그리하여 어제는 사실이었던 것이 오늘은
원칙이 된다.　　　　☞ 주니우스 〈주니우스 서간집〉

높은 나무의 열매를 바라보면서 그 높이를 헤아려보지 않는
사람은 어리석은 사람이다.
　　　　　　☞ Q. C. 루푸스 〈알렉산드르 대제의 위엄〉

상식이란, 이를테면 두 지점 사이의 가장 짧은 선을 의미한다.

☞ 에머슨 〈일기〉

정말 현명한 사람은 자기 자신을 아는 사람이다.

☞ G. 초서 〈캔터베리 이야기〉

소크라테스처럼 자기의 지혜는 가치가 없다고 생각하는 자야말로 가장 현명한 자이다.

☞ 플라톤 〈소크라테스의 변명〉

이탈리아 사람은 행동하기 전에, 독일 사람은 행동 중에, 프랑스 사람은 행동한 뒤에 현명하게 대처한다.

☞ G. 허버트 〈명궁〉

역사가는 정확하고 충실하며 공평해야 한다. 득실이나 애증에 의해 역사가가 진실의 길에서 벗어나도록 해서는 안 된다.

☞ 세르반테스 〈돈키호테〉

소년들의 공부를 강제와 엄격함으로 훈련시키지 말고 그들이 흥미를 느낄 수 있도록 인도한다면, 그들은 마음으로 긴장할 것이다.

☞ 플라톤 〈공화국〉

모든 사물은 조물주의 손에서 나올 때는 완전하다. 그러나 인간의 손에서 타락한다. ☞ 루소 〈에밀〉

자기의 국토를 파괴하는 국가는 국가 자체를 멸망시킨다.
☞ F. D. 루즈벨트

우리가 학대하는 대지와 우리가 죽이는 모든 생물은 결국 우리에게 복수할 것이다. 이들의 생존을 착취함으로써, 우리가 우리의 미래를 감소시키고 있기 때문이다.
☞ M. 매너즈 〈분노의 가중〉

인간의 영혼을 더럽히지 않으려거든 대지를 더럽히지 말라.
☞ H. 브레스턴 〈꼭대기 집〉

접시는 그 소리로써 그 장소에 있나 없나를 판단할 수 있고, 사람은 말로써 그 지식이 있나 없나를 판단할 수 있다.
☞ 데모스테네스

말을 짧으면서도 의미심장하게 사용하도록 훈련시키려면, 침묵의 시간을 가진 후 요소를 찌르는 말을 해야 한다.
☞ 〈플루타르코스 영웅전〉

학문이 높은 데다 신까지 사랑하는 그는 누구를 닮았을까?
그는 연장을 든 명공(名工)과도 같다.
신을 사랑하고는 있으나 그 마음이 신의 사랑으로 채워져
있지 않은 사람은, 연장을 갖지 않은 공인과 같다.
신을 사랑하고는 있으나 학문을 돌보지 않는 사람은, 연장은
갖고 있으나 일을 모르는 공인과 같다.　　☞〈탈무드〉

학문은 번영의 장식, 가난의 도피처, 노년의 양식이다.
☞ 아리스토텔레스

무용한 사물이라도 배우는 편이 아무것도 배우지 않는 것보
다 낫다.　　☞ L. A. 세네카

학문에만 집착해 있으면 안 된다. 그것만으로는 완전한 인물
이 되지 않기 때문이다.　　☞ R. W. 에머슨

언어는 사람과 동시에 태어나며, 우리가 사회에서 사람의
힘을 느끼게 되는 것도 언어를 통해서이다.　　☞ 알랑

짧은 말 속에 오히려 많은 지혜가 담겨 있다.
☞ 소포클레스〈단편〉

말은 배열을 달리하면 딴 의미를 갖게 되고, 의미는 배열을 달리하면 다른 효과가 나타나기도 한다.

☞ B. 파스칼 〈팡세〉

말이란 것이 감정을 배제하면, 그것은 무의미한 소리에 지나지 않는다.

☞ J. 스타인벡 〈불만의 겨울〉

그대가 하고 싶은 말을 강조하지 말고, 그냥 말하라. 그리고 다른 사람들이 그대가 말한 바가 무엇인가를 발견하도록 내버려둬라. 그들의 정신이 둔하기 때문에 그대는 제때 도망칠 수 있을 것이다.

☞ 쇼펜하우어 〈충고와 경고〉

아무리 좋아하는 남자라도 그 말이 멋대로 하는 것이라면, 싫어하는 남자가 던지는 분명한 사랑의 말보다 더 마음을 어지럽힌다.

☞ 라파엘 부인 〈크레브의 안쪽〉

말, 그것으로 인해 죽은 이를 무덤에서 불러내기도 하고 산 자를 묻을 수도 있다.
말, 그것으로 인해 소인을 거인으로 만들기도 하고 거인을 철저하게 두드려 없앨 수도 있다.

☞ H. 하이네 〈프랑승의 상태〉

사람은 누구나 그가 하는 말에 의해서 그 자신을 비판한다. 원하든, 원하지 않든 간에 말 한 마디는 타인 앞에 자기의 초상을 그려놓는 셈이다. ☞ R. W. 에머슨

사람은 사람에 의해서만이 사람이 될 수 있다. 사람에게서 교육의 결과를 기대하지 않는다면, 아무것도 남는 것이 없을 것이다. ☞ I. 칸트

교육의 최대 목표는 지식이 아니고 행동이다.

☞ H. 스펜서 〈교육론〉

지성을 동반하지 않는 명성과 부는 위험 자체이다.

☞ 데모크리토스

지성은 방법이나 도구에 대해서는 날카로운 감식안을 갖고 있지만, 목적이나 가치에 대해서는 맹목적이다.

☞ 아인슈타인 〈만년에 생각한다〉

당신이 자신에 대해 생각하는 것은, 다른 사람들이 당신에 대해 생각하는 것보다 훨씬 중요하다.

☞ 세네카 〈루킬리우스에의 서한집〉

지성은 육체와 함께 죽는 것이다. 그러나 자기의 죽음을 아는 것, 거기에 지성의 자유가 있다. ☞ A. 카뮈

사람의 본질은, 잘살고 못살고 어린이고 어른이고 간에 아무런 차이가 없다.

사람들이여, 그대의 힘이든 마음의 모양이든 모두가 그대 자신의 것이다. 그중에서도 마음의 모양은 인생 교육의 대상이며, 향상의 계기가 되어 준다.

순진한 행복을 바라는 인간의 힘은 밖에서 우연한 기회에 얻을 수 있는 것이 아니다. 오직 그 심정에 파묻힌 힘에서 파낼 수 있는 것이다. ☞ J. H. 페스탈로치

욕망과 감정은 인간성의 용수철이다. 이성은 그것을 통제하고 조절하는 브레이크이다. ☞ 보오링브리크 〈단편〉

인간을 만드는 것이 이성이라면, 인간을 이끄는 것은 감정이다. ☞ 루소 〈새로운 에로이즈〉

철학은 법률과 관습에 대한 공격 무기이다. ☞ 알키다포스

어느 세기의 철학은 다음 세기의 상식이 된다. ☞ 미상

회의(懷疑)는 철학자의 감지(感知)이며, 철학은 회의로부터
비롯된다.   ☞ 소크라테스

진정한 철학에 의해서만 국가도 개인도 정의에 도달할 수
있다.
진정한 철인이 통치권을 쥐거나 통치자가 신의 은혜로 진
정한 철인이 되지 않는 한, 인간은 악에서 벗어날 수 없을
것이다.   ☞ 플라톤

종교에 있어서는 신성한 것만이 진실이며, 철학에 있어서는
진실한 것만이 신성하다.
                        ☞ L. A. 포이에르바하 〈종교의 본질〉